AF217047

Ernst Friedrich

Wir
vom Jahrgang
1937

Kindheit und Jugend

Impressum

Bildnachweis:

Umschlag: ullstein bild – Peter Weiler (vorne oben); Archiv Erfrnst Friedrich (vorne unten, hinten).
Innenteil: Stadtmuseum Kassel: S. 6; Hagen Kraak, Gütersloh: S. 9; Archiv Georg Eurich: S. 13, 19;
Archiv Ernst Friedrich: S. 15, 20, 22, 23 o./u., 43 u., 44, 47, 53; Stadtarchiv Kassel, E1, A 0.004.105,
Walter Thieme: S. 16; Sammlung Gustav Lerch: S. 17; Siegfried Rack, Zellingen: S. 18; Archiv Eugen
Sauter: S. 26, 31, 32; Presse-Bild Fruhstorfer: S. 29; Privatnachlass Carl August Stachelscheid: S. 33 u.;
Jürgen Thomas, Bienenbüttel: S. 36; Presse-Bild Poss, Siegsdorf: S. 37; Stadtarchiv München, Nach-
lass Rudi Dix: S. 39; Stadtarchiv München, FS-NL-RD-0082-E-11: S. 41; HNA-Archiv/Lengemann:
S. 43 o.; Edith Bohl, Hungen-Bellersheim: S. 48; 50er Jahre Museum Büdingen: S. 49 o., 54 u., 60 u.;
Ursula Daetz, Lüneburg: S. 49 u.; A. Hagen, Düsseldorf: S. 51; Wolfgang Steinwedel, Hannover:
S. 52; Lukas Rieg, Schwäbisch-Gmünd: S. 55; Carmen A. Stolzenberg, Hannover: S. 60 o.;
ullstein bild – Max Ehlert: S. 4; ullstein bild – Peter Weller: S. 8 o., 10; ullstein bild – ImageBROKER/
Rosseforp: S. 8 u.; ullstein bild – von der Becke: S. 24; ullstein bild – ullstein bild: S. 27, 28, 34, 57,
63 u.; ullstein bild – United Archives: S. 33 o., 62; ullstein bild – Schirner/Wolfgang Albrecht: S. 54 o.;
ullstein bild – Georg Schmidt: S. 61; ullstein bild – ADN-Bildarchiv: S. 63 o.; picture-alliance/akg-ima-
ges: S. 35, 40 o.; picture-alliance/Sven Simon: S. 56; picture-alliance/© Kurt Röhrig/Helga Lade: S. 59.

Wir danken allen Lizenzträgern für die freundliche Abdruckgenehmigung. In Fällen, in denen es nicht
gelang, Rechtsinhaber an Abbildungen zu ermitteln, bleiben Honoraransprüche gewahrt.

Besuchen Sie das 50er-Jahre-Museum in
Büdingen mit seinen unzähligen Exponaten
aus einer spannenden Epoche:

50er-Jahre-Museum e.V.
Auf dem Damm 3
63654 Büdingen
Tel.: 06042/950049

21. Auflage 2025
Alle Rechte vorbehalten, auch die des auszugsweisen
Nachdrucks und der fotomechanischen Wiedergabe.
Gestaltung und Satz: r2 | Ravenstein, Verden
Druck: Druck- und Verlagshaus Thiele & Schwarz GmbH, Kassel
Buchbinderische Verarbeitung: Buchbinderei S. R. Büge, Celle
© Wartberg-Verlag GmbH
34281 Gudensberg-Gleichen • Im Wiesental 1
Telefon: 056 03/9 30 50 • www.wartberg-verlag.de
ISBN: 978-3-8313-3037-9

Vorwort
Liebe 37er!

Wir wurden in eine Zeit geboren, aufgrund derer wir in der Geschichtsschreibung als „Kriegskinder" bezeichnet werden. Die Zukunft war für uns nicht so, dass man hätte sagen können, sie sei rosig gewesen. Viele von unseren Altersgenossen sind im Krieg als Kinder gestorben. Durch Krieg und Vertreibung wurden wir schon früh aus unserem sozialen Umfeld gerissen. Väter wurden als solche nicht wahrgenommen, weil sie im Krieg waren. Mütter kämpften in ständiger Sorge um ihre und unsere Existenz. Die Zeit hat uns geprägt. Selbst heute werden in manchen Situationen noch Erinnerungen wach, die uns eine unruhige Nacht bescheren. Wir können dieser Kriegszeit nicht entfliehen. Sie holt uns immer wieder ein. Nur verdrängt haben wir sie, diese Zeit.

Doch es ist alles anders geworden. Der technische Fortschritt brachte Produkte auf den Markt, die sich Jahr für Jahr rasant weiterentwickelten. Ob das nun die immer zahlreicher und schneller werdenden Autos auf den Straßen waren oder der Vormarsch des Fernsehers, der dem Radio als Informationsquelle nach und nach den Rang ablief. Hotmusik und Rock 'n' Roll hatten bei uns ihren Stellenwert. Amerika hatte uns erreicht.

Wichtig und vordergründig war in den 50ern der Lebensmittelkonsum. Es wurde üppig und fett gegessen. Wir hatten Nachholbedarf. Die Buttercremetorte war der Stolz einer jeden Gastgeberin. Der wurde dann durch die Menge, die gegessen wurde, bestätigt. Die Jugendzeit hat uns für die Kriegszeit entschädigt. Wir wuchsen in die Zeit des Wirtschaftswunders hinein.

Mir hat das Schreiben der Texte und das Recherchieren über diese Zeit Spaß gemacht. Gegenstände, Situationen und Menschen sind dabei aus der Erinnerung wieder aufgetaucht. Erfreuliches, aber auch Belastendes. Dass ich auch ohne Vater meinen Lebensweg gefunden habe, verdanke ich meiner Mutter. Sie hat mir geduldig und aufopfernd vermittelt, welche Werte im Leben wichtig sind. Dafür danke ich ihr.

Ernst Friedrich

1937-1939

Ein neues Leben beginnt

So wollte man die deutsche Frau:
Mutter mit mindestens drei Kindern und
blond-arisch sollten diese sein

Der Tag „NULL"

Die Familien waren voller Erwartung. Was wird es
wohl sein? 1937 war es noch nicht möglich, das
Geschlecht eines Babys vor der Geburt festzustellen.
Vielleicht waren schon Ausstattungen in Rosa und
Blau bereitgelegt. Die größeren Geschwister wurden
rundum bei Verwandten und Bekannten abgegeben.
Die Hebamme sollte in Ruhe arbeiten können. Und
außerdem ging das die Kinder nichts an.

Dann war es so weit. Geschrei erklang aus der
Kammer. Der neue Erdenbürger oder die Erdenbürgerin hatte das Licht der Welt
erblickt. Die Freude war groß, wenn die Geburt gut verlaufen und das Kind
gesund war. Wir waren auf dieser Welt.

Chronik

26. April 1937
Durch einen dreistündigen Bombenangriff zerstören Flugzeuge der deutschen „Legion Condor" die nordspanische Stadt Guernica vollständig. Von den 10 000 Einwohnern kommen viele Hundert ums Leben.

24. Mai – 25. November 1937
Unter dem Motto „Kunst und Technik im modernen Leben" wird in Paris die Weltausstellung eröffnet. Am 12. Mai wird mit dem Bild „Guernica" von Pablo Picasso im spanischen Pavillon der Weltausstellung in Paris die Öffentlichkeit konfrontiert.

19. Juli 1937
Auf dem Gelände des zukünftigen Konzentrationslagers Buchenwald, acht Kilometer von Weimar entfernt, treffen die ersten 149 Häftlinge ein. Sie beginnen umgehend unter scharfer SS-Bewachung mit dem Aufbau des großen Konzentrationslagers.

6. September 1937
Mit einem Festakt beginnt in Nürnberg der Reichsparteitag der NSDAP, der unter dem Motto „Parteitag der Arbeit" bis zum 13. September durchgeführt wird.

13. März 1938
Adolf Hitler proklamiert den Anschluss Österreichs an das Deutsche Reich.

22. Juni 1938
Durch einen K.o. in der ersten Runde verliert Max Schmeling in New York den Kampf um den Titel des Boxweltmeisters im Schwergewicht gegen Joe Louis.

7.–11. November 1938
SA-Trupps und Mitglieder der NSDAP (Nationalsozialistische Deutsche Arbeiterpartei) zünden überall in Deutschland Synagogen an, zerstören und plündern jüdische Geschäfte und Gemeindehäuser, demolieren jüdische Privatwohnungen, verhöhnen, misshandeln und ermorden Juden. Insgesamt werden 91 Juden getötet, über 26 000 verhaftet und in Konzentrationslager eingeliefert.

1. September 1939
Der Zweite Weltkrieg beginnt mit dem deutschen Angriff auf Polen. Um 4.45 Uhr eröffnet das am Vorabend in den Danziger Hafen eingelaufene deutsche Linienschiff „Schleswig-Holstein" das Feuer auf die polnische Enklave Westerplatte.

Überraschung für die Geschwister – Arbeit für die Mutter

Die Familien kamen zusammen und bestaunten uns. Den anderen Kindern in der Familie sagte man, der Storch hat uns gebracht.

Unser Leben begann mühsam. Immer wieder wurden neue Gesichter am Körbchenrand sichtbar. War uns aber sehr egal. Hauptsache es war ausreichend zu trinken da. Trinken mussten wir selbst – der Rest ging von allein. Neu gewindelt konnten wir dann wieder schlafen. Natürlich waren die Windeln aus Mull und die Überwindeln aus Leinen. Immer wieder neu gewaschen. Mühsam war es für die Mutter schon. Wasser zum Kochen der Windeln auf dem Herd musste geholt werden, denn in der Küche gab es kein Fließendwasser.

Unser Zuhause

Für die Stadtkinder war es üblich, dass die für die Wohnung erforderlichen Brennstoffe auf die Straße vor das Haus geliefert wurden. Briketts mussten dann in den Keller gebracht und gestapelt werden. Gestapelt, um den Platz des kleinen Kellers in den alten Mehrfamilienhäusern gut zu nutzen.

Die Wohnungen bestanden meist nur aus zwei Räumen. Einem Küche-Wohn-Bade-Esszimmer und einem Schlafraum.

Das Wasser zum Kochen musste an einer Zapfstelle im Treppenhaus geholt werden. Ebenso war dort der Ausguss für das gebrauchte Wasser. Um nicht bei jeder kleinen Schmutzwassermenge dorthin laufen zu müssen, stand ein größerer Abwassereimer in der Küche. Wenn er voll war, musste er im Treppenhaus entleert werden. Die Toiletten waren natürlich auch nicht in jeder Wohnung. Meist waren sie auf dem halben Geschoss im Treppenhaus. Damit war der Weg für die Benutzer beider Geschosse der gleiche. Oft war es so, dass bis zu sechs Familien eine Toilette benutzten. Eine Wasserspülung war auch nicht immer da.

Es gab nicht selten nur einen Schlafraum, in dem die ganze Familie schlief. Meist teilten sich zwei Personen ein Bett. Der Herd in der Küche, im Schlafraum gab es keine Feuerstelle, wurde mit Holz angefeuert und dann mit Briketts weitergeheizt. Im Winter sollte die Feuerstelle nicht ausgehen, daher wurde ein Brikett in Papier eingepackt und auf die Glut gelegt. Dieses glühte am anderen Morgen noch. Damit ersparte man sich, ein neues Feuer anzuzünden.

Unser Geburtsjahr 1937 – Ereignisse, Fakten und Erfindungen

Wir schrieben in unserem Geburtsjahr das Jahr vier nach Hitlers Machtübernahme. Das politische Klima wurde eisiger, die politischen Zwänge auch für Kinder und Jugendliche größer: Eine Million Jungen und Mädchen sollten 1937 in die Hitlerjugend aufgenommen werden. Der Anspruch der NSDAP war es, dass alle Jugendlichen Mitglied in der Hitlerjugend sein sollten.

Wurden wir ins Arbeitermilieu geboren, so bedeutete dies für unsere Väter eine Wochenarbeitszeit in den Fabriken von rund 47 Stunden und einen Bruttoverdienst von rund 0,78 Reichsmark (RM) in der Stunde. Davon musste eine ganze Familie leben. Dem seien einige Preise gegenübergestellt: Ein Kilo Butter kostete ca. 3,12 RM, Schweinefleisch das Kilo 1,63 RM und ein Ei 0,11 RM.

Aber es gab auch den Geldadel, die Industriellen, die Privilegierten etc., die von der Not nichts spürten.

Die Arbeitslosigkeit im Deutschen Reich war im Jahr 1937 mit nur 961 000 Arbeitslosen gering. Dies war auf die erhöhte Rüstungsproduktion und den forcierten Bau der Autobahnen zurückzuführen. Der 2026. Kilometer Autobahn wurde im Jahr 1937 fertig gestellt. Freie Wahl des Arbeitsplatzes gab es nicht mehr. So wurden für den Bau der Verkehrsnetze Arbeitslose aus den unterschiedlichsten Berufen zwangsverpflichtet. In der Landwirtschaft wurden vermehrt ausländische Arbeitskräfte eingesetzt: 381 000 Ausländer waren 1937 in der Landwirtschaft beschäftigt.

Und was geschah im Jahre 1937 jenseits der Politik und bewegte die Gemüter? Am 7. Januar fand die Traumhochzeit von Prinzessin Juliane der Niederlande und Prinz Bernhard von Lippe-Biesterfeld statt. Am 6. Mai explodierte das Großluftschiff „Hindenburg" im US-Bundesstaat New Jersey bei der Landung. 36 Personen fanden dabei den Tod. Das Unglück bedeutete das Ende der Zeppelin-Ära. Sportliche Höhepunkte waren zahlreich im Jahr 1937: Bei der Weltmeisterschaft im Skilaufen im französischen Chamonix gewann die deutsche Christl Cranz in allen drei Disziplinen (Slalom, Abfahrt und alpine Kombination). Beim Skispringen siegte der Norweger Birger Ruud. Hermann Lang war Sieger beim Großen Preis von Tripolis auf einem Mercedes Benz. Im Fußball wurde Schalke 04 deutscher Meister.

Große Geschwister und kleine Störenfriede

Nicht immer gewollt, aber angeordnet, mussten die älteren Geschwister auf uns Kleine aufpassen. Das traf allerdings vor allem auf die Mädchen zu. Die Jungen wurden dafür oft als ungeeignet angesehen. Unsere Schwestern waren nur von uns erlöst, wenn sie Gruppenstunde beim Bund Deutscher Mädel (BDM) hatten. Manchmal war es aber auch schön für sie, sich mit uns auf der

Straße und bei den anderen Mädchen sehen zu lassen. Sie fühlten sich so wie unsere Mutter und konnten uns vor den anderen zur Schau stellen. Wenn sich dann aber, mit anderen Mädchen, ein Spiel entwickelte, waren das Schlagballspiel oder andere Aktivitäten wichtiger als wir. Wir wurden im Kinderwagen an einer Stelle abseits des Spielgeländes abgestellt. Solange wir schliefen, ließen wir uns das „Nicht-beachtet-werden" gefallen. Aber wehe, wir wurden munter. Dann war das Spielgeschehen für unsere Schwester beendet.

Erholung mit der Organisation „Kraft durch Freude"

Aufgrund der geringen Zahl an Urlaubstagen, 1937 für den Arbeitnehmer 10–15 Tage, verbrachten die meisten Arbeitnehmer ihren Urlaub im näheren Umfeld ihres Wohnortes. Die Zahl der genannten Urlaubstage errechnete sich bei einer Betriebszugehörigkeit von ca. 10 Jahren. Wer in der Lage war, etwas Geld zu sparen, leistete sich eine Reise mit der NS-Organisation „Kraft durch Freude" in ein nahe gelegenes Urlaubsgebiet. Allerdings war das für eine fünfköpfige Familie nur selten möglich. Immerhin kostete eine 7-tägige Reise in das Erzgebirge pro Person 41 Reichsmark (RM) oder 44 RM für eine 14-tägige Harzreise. So viel Geld konnten Arbeiter

nicht sparen. Diese Beträge entsprachen etwa einem Bruttowochenlohn eines Arbeiters.

Die günstige Art Urlaub zu machen

Ein Geschwisterchen ist angekommen

Wir entdecken die Welt jenseits des Kinderwagens

Langsam ging es mit uns aufwärts. Auf dem Arm der Mutter oder der älteren Geschwister hatten wir schon einen guten Ausblick. Auf der Straße allerdings war der Rand des Kinderwagens, in dem wir lagen, im Weg. Die Erwachsenen konnten über den Rand des Korbwagens auf uns sehen, ob sie allerdings auch über den allgemein bekannten Tellerrand sahen, konnten wir zu dieser Zeit noch nicht erkennen. Dann begann für uns die Zeit der Beweglichkeit. Jetzt zeigte es sich, wie gut es war, dass wir eifrig gestrampelt hatten. Unsere Kraft reichte bald schon zum Krabbeln. Erst unbeholfen, dann aber immer schneller. Immer wieder waren uns nun Gegenstände im Weg, die entweder geeignet waren, sich daran hochzuziehen, oder die mit Getöse aus dem Weg geräumt wurden. Die Mütter und größeren Geschwister mussten jetzt sehr auf der Hut sein, um unseren Bewegungsdrang zu kontrollieren.

Aber dann konnten wir laufen. Hui, ging das durch die Küche. Außer der Küche gab es nur noch das Schlafzimmer. Die Folge: Beulen am Kopf, auch mal eine blutige Nase. Aber wir steigerten uns langsam, fast bis zur Vollendung.

Bald schon konnten wir
laufen und auch streiten

Wie schnell wir waren, wussten wir allerdings nicht. Mutter und die Geschwister schon. Bald fingen wir auch an zu sprechen. Aus unserem ursprünglichen Gestammel wurden langsam Worte, die aber leider nicht immer verstanden wurden. Nur Mutter wusste, was wir sagen wollten.

„Der Stürmer" – Erziehung für den Führer und die Wirtschaft

Die NSDAP hatte mit der Beseitigung von Selbstverwaltung die Einführung des Führerprinzips weitgehend verwirklicht. Die Gleichschaltung der Bildungsinstitutionen, Hochschulen und Schulen, der Lehrkräfte, Studenten und Schüler war durch die Zusammenfassung in Verbände der NSDAP erfolgt. Die Bildungspolitik von NSDAP und dem Bildungsministerium konzentrierte sich im Jahr 1937 auf andere Bildungseinrichtungen. Deren Zerschlagung war das Ziel. Damit wurde erst die Durchsetzung nationalsozialistischer Erziehungsziele möglich. Diese waren ausgerichtet auf die rüstungsorientierte Wirtschaft. Dorn im Auge der NSDAP waren die konfessionellen Schulen. Mit Kampagnen des Gesinnungsterrors und mit staatlicher Unterstützung gingen sie gegen diese vor.

Gesetz zum „Schutz des deutschen Blutes und der deutschen Ehre"

In einem geheimen Erlass ordnete der Chef der deutschen Sicherheitspolizei, Reinhard Heydrich an, dass so genannte „jüdische Rassenschänder" zukünftig nach Verbüßung der Zuchthaus- oder Gefängnisstrafe in Konzentrationslager einzuweisen seien. Der Straftatbestand der „Rassenschande" leitete sich aus o. g. Gesetz ab. Darin heißt es u. a.: „Durchdrungen von der Erkenntnis, dass die Reinheit des deutschen Blutes die Voraussetzung für den Fortbestand des deutschen Volkes ist und beseelt von dem unbeugsamen Willen, die Deutsche Nation für alle Zukunft zu sichern, hat der Reichstag einstimmig das folgende Gesetz beschlossen, das hiermit verkündet wird:
§ 1 Eheschließungen zwischen Juden und Staatsangehörigen deutschen oder artverwandten Blutes sind verboten ...
§ 2 Außerehelicher Verkehr zwischen Juden und Staatsangehörigen deutschen oder artverwandten Blutes ist verboten ...
§ 5 (1) Wer dem Verbot des § 1 zuwiderhandelt, wird mit Zuchthaus bestraft."
Sinn des Gesetzes war die Forcierung des Terrors gegen die jüdische Bevölkerung, die damit isoliert und aus dem Deutschen Reich vertrieben werden sollte.

Nein, diese Zeit konnten wir nicht verstehen

Kinderalltag in Stadt und Land

Die Zeit im Kindergarten war für uns sehr unterschiedlich. In den Städten gab es zwar Kindergärten, aber die Erinnerung daran wird bei den meisten nur sehr vage sein. Die Speisung in den Kindergärten war eintönig, Gemüse war angesagt. Zum Beispiel gab es Möhren: Möhrensuppe, Möhrensalat, Möhrengemüse. Geschnitten, geraspelt, gewürfelt. Möhren in allen Variationen. Bis wir sie nicht mehr sehen, geschweige denn riechen konnten.

Auf dem Land hingegen waren Kindergärten die Seltenheit. Da gab es immer Tanten, Nachbarinnen, Omas oder die Kinder wurden mit aufs Feld genommen. Die Verpflegung bestand hauptsächlich aus selbst Angebautem oder selbst Geschlachtetem. Mit aufs Feld genommen zu werden war eigent-

Chronik

9. April 1940
Das Unternehmen „Weserübung", der deutsche Überfall auf die neutralen Länder Dänemark und Norwegen, beginnt. Der norwegische König Haakon VII. flieht nach London und versucht, von dort den Widerstand seines Landes zu organisieren.

10. Mai 1940
Winston Churchill wird Premierminister in England.

14. Juni 1940
Mit der kampflosen Besetzung der französischen Hauptstadt Paris geht der schnelle Angriff an der Westfront zu Ende.

22. Juni 1941
Um 3.15 Uhr beginnt der überfallartige Angriff der deutschen Wehrmacht auf die Sowjetunion mit dem Ziel, in einem Blitzkrieg die Rote Armee vernichtend zu schlagen. Rumänien und Italien schließen sich dem Krieg gegen die Sowjetunion an.

11. Dezember 1941
Das Deutsche Reich erklärt den USA den Krieg. Italien schließt sich an.

21. März 1942
Fritz Sauckel wird zum Generalbevollmächtigten für den Arbeitseinsatz ernannt. Im Laufe des Krieges werden 5,3 Millionen Fremdarbeiter aus den besetzten Gebieten und 1,8 Millionen Kriegsgefangene in der deutschen Wirtschaft eingesetzt.

25. April 1942
Das Vollmachtsgesetz wird in Kraft gesetzt. Hitler ist: „Führer der Nation", „Oberster Befehlshaber der Wehrmacht", „Regierungschef", „Oberster Gerichtsherr", „Oberster Inhaber der vollziehenden Gewalt" und „Führer der Partei".

26. Mai 1942
Auf Reinhard Heydrich, den Planungsbeauftragten für die Endlösung der Judenfrage, wird in Prag ein Attentat verübt. Als Vergeltungsmaßnahme wird Lidice westlich von Prag dem Erdboden gleichgemacht.

7./8. November 1942
Amerikanische und britische Truppen unter Führung des amerikanischen Generals Dwight D. Eisenhower landen in Marokko und Algerien, um das deutsche Afrikakorps unter Generaloberst Erwin Rommel von Westen her anzugreifen, während die britische 8. Armee von Osten die deutsch-italienischen Truppen zurückdrängt.

Im Unterschied zur Stadt war die Versorgung auf dem Land durch Eigenanbau gesichert

lich am schönsten. Es gab so viel Neues zu entdecken. Würmer, die aus dem Ackerboden hervorkrochen. Maden, die wir aus der Erde wühlten. Oder beim Ernten ganze Nester mit jungen Mäusen. Alles musste, zum Leidwesen der Erwachsenen oder der Geschwister, die auf uns aufpassen sollten, gründlich untersucht werden. Angst vor Mäusen brachten uns erst die größeren Geschwister, meist die Schwestern, bei.

4. bis 6. Lebensjahr

Nach der Besetzung Warschaus durch die deutschen Truppen 1939 wurden die Juden aus Warschau und Umgebung in ein abgeriegeltes Ghetto eingeschlossen. Unter erbärmlichen Umständen mussten die Menschen dort leben. Man spricht von ca. 400 000, die dort zusammengepfercht lebten. Die Ernährungslage war so katastrophal, dass Tausende an Unterernährung und Krankheiten starben. Wenn sie noch als arbeitsfähig angesehen wurden, setzte man sie in den Rüstungsbetrieben, die innerhalb des Ghettos angesiedelt waren, als Zwangsarbeiter ein. Ab Juli 1942 wurden immer mehr der im Ghetto lebenden Juden in Konzentrationslager deportiert.

Die Angst vor dem Abtransport führte bei den Ghettobewohnern zur Gründung einer Widerstandsbewegung. Die Menschen begannen, sich gegen die immer unmenschlicher und lebensbedrohlicher werdenden Bedingungen zu wehren.

Am 19. April 1943 sollten SS und Gestapo auf Befehl Himmlers die noch lebenden 60 000 Ghetto-Gefangenen nach Treblinka deportieren. Die jüdischen Untergrundkämpfer leisteten vier Tage verzweifelt Widerstand. Danach zerstörten die deutschen Mannschaften das Ghetto und brannten es nieder. Während des Warschauer Ghetto-Aufstands kamen 56 000 Juden ums Leben.

Stallhasen – zum Streicheln und zum Essen

Selbstversorgung wurde zu dieser Zeit großgeschrieben. Wer einen Garten oder ein Stück Land hatte, baute Obst und Gemüse an oder züchtete Hühner und Hasen. Verwandte, die am Rand der Städte wohnten, waren begehrte Verwandte. Vielleicht hatten sie auch noch einen Schrebergarten. Hauptsache eine Fläche, auf der wir spielen konnten. Unsere Mütter und größeren Geschwister, hauptsächlich die Brüder, hatten jedoch ganz anderes im Sinn. Mit ein paar Brettern und organisiertem Maschendraht wurden Kästen gebaut. Für uns Kästen, für die Erbauer waren es Hasenställe. Damit bestand die Möglichkeit, Hasenzucht zu betreiben. Zucht allerdings nicht im Sinne von Rassenzucht, sondern im Sinne von „möglichst fett werden", damit sie beim Schlachten auch einen guten Braten abgaben. Hinter einer Hütte oder einer Hecke wurden diese Ställe deponiert, möglichst auf Beinen erhöht, damit keine kleinen Raubtiere an die Hasen gelangten. Und die Nachbarn sollten sie möglichst auch nicht sehen. Das klappte nicht, denn die Nachbarschaft sah alles. Wenn die Sonne schien und wir im Garten waren, ließen wir die Hasen im

Das Fell ist so hübsch
weich gewesen

Garten laufen. Wir durften sie streicheln und mit ihnen spielen. Eines Tages
waren nur noch einige da. Wo waren die anderen? Man sagte es uns nicht.
Dass der Braten, den es am Sonntag gab, Hasenbraten war, war uns nicht
aufgefallen. Wer von uns konnte sich schon vorstellen, wie ein Hase ohne Fell
aussah? Geschmeckt haben sie allemal. Das Entscheidende aber war, die
Familie hatte wieder einmal ein richtiges Essen mit Fleisch auf dem Tisch.

Spielrunde am Küchentisch

Die Geschwister hatten die Idee, wieder einmal gemeinsam am Tisch zu
spielen. Da es draußen regnete, war das der richtige Zeitpunkt dafür. Die
Spiele wurden herbeigeholt. „Mensch ärgere dich nicht" war das Brettspiel,
das wir schon gut mitspielen konnten. Sinn des Spiels war es zu gewinnen und
das wollten wir. Das klappte aber nicht immer. Entgegen dem Namen des
Spiels ärgerten wir uns sehr. Uns war es dann recht, wenn wir ein anderes
Spiel spielten. „Halma", das war allerdings schon erheblich schwerer. Aber mit
der Hilfe der Geschwister haben wir auch mal gewonnen. Dann gab es noch
„Dame" und „Mühle". Diese Spiele beherrschten wir mit Übung und nach
geraumer Zeit ganz gut. Aber es gab auch Streit. Meist endeten die Spiele
damit, dass einer der Mitspieler seine weitere Teilnahme verweigerte. Unter
diesen „ungerechten" Spielbedingungen wollte er nicht mehr mitspielen. Das
war dann auch meist der Zeitpunkt, an dem Mutter in das Spielgeschehen
eingriff. Die Spiele wurden wieder weggeräumt. Trotz aller Streitigkeiten war es
aber ein schöner Nachmittag.

Bombennächte zwischen Bett und Bunker

Ab 1942 nahmen Bombenangriffe aus der Luft auf deutsche Städte zu. Angezogen mussten wir zum Schlafen in das Bett. Die Fenster wurden mit davorgehängten Wolldecken verdunkelt. Kein Lichtschimmer durfte nach außen dringen. Neben der Wohnungstür stand ein kleiner Koffer bereit. Unser Schlaf war immer sehr unruhig. Plötzlich ertönte das Geräusch der Sirenen. Bomberalarm. Aus dem Bett, Schuhe und Mantel anziehen. Und in überstürzter Eile aus dem Haus und auf die Straße. Dort konnte man den mit Scheinwerfern beleuchteten Himmel sehen.

Die Scheinwerfer suchten am Himmel die Bomber. Gezogen und geschoben, liefen wir in einen Bunker oder in einen Luftschutzkeller. Luftschutzwarte gaben Anweisungen, in welchen Keller oder Raum wir uns zu setzen hatten. Auf Bänken an den Wänden entlang saßen wir. Dicht gedrängt, zitternd vor Angst. Gedämpft hörten wir von draußen die Sirenen und die Einschläge der Bomben. Dann, zum Glück, wieder die Sirenen, die mit einem langen Ton die Entwarnung anzeigten. Die Menschen strömten wieder aus den Kellern. Gab es getroffene und eingestürzte Häuser oder war dieser Angriff nicht so schlimm? Wieder in der Wohnung, sollten wir weiterschlafen, das ging aber nicht so einfach. Die Mütter mussten beruhigen und nicht selten wurden dann Schlaflieder gesungen.

Soweit wir auf dem Land wohnten, blieben uns solche Nächte erspart. Wir hörten zwar die Flugzeuge, konnten uns aber nicht vorstellen, was sie anrichten würden. Es war sogar spannend, so viele Flieger am Himmel brummen zu hören.

Viele von uns haben diese Angriffe nicht überlebt – hier die völlig ausgebrannte Altstadt von Kassel

Bombenangriffe auf deutsche Städte

Die britische Luftwaffe begann 1942 mit der „Area Bombing Directive", (Anweisung zum Flächenbombardement) deutscher Städte. Ausgewählt nach Wichtigkeit der ansässigen Rüstungsindustrie. Bis zu 1000 Bombenflugzeuge wurden eingesetzt. Diese Angriffe fanden nachts statt. Die Zielgenauigkeit war in der Dunkelheit allerdings sehr gering. Es wurde nicht nur in Kauf genommen, dass in der Hauptsache Wohngebiete getroffen wurden, nein, es war sogar so beabsichtigt. Durch die konzentrierte Vernichtung von Wohnraum hofften die Briten, dass sich die Bevölkerung gegen die Naziführung auflehnen und damit der Krieg beendet würde. Diese Hoffnung

Wer erinnert sich nicht an diesen nächtlichen Himmel

wurde jedoch nicht bestätigt. In den Städten fanden zu viele Menschen den Tod. Damit richtete sich der Hass der Deutschen gegen die Briten, die auf die Zivilbevölkerung keine Rücksicht nahmen.

Verschüttet im Keller

Die Stadtkinder lebten in den letzten Kriegsjahren mit den nächtlichen Luftangriffen. Immer wieder aus dem Bett in den Keller und danach wieder in die Wohnung und ins Bett zurück. Doch in einer Nacht war alles anders. Wieder Alarm. Die Mütter nahmen uns Kinder an der Hand und liefen in Richtung Keller. „Immer schön dicht bei mir bleiben." Die Menschen drängelten und schoben sich die Kellertreppen hinunter. Und dann fielen die Bomben. Es hörte nicht auf zu rumpeln. Der Luftschutzwart, der die Tür zum Ausgang sicherte, rief, dass vermehrt Brandbomben fallen. Die ganze Straße würde brennen. Dann stürzten über uns die Häuser ein. Der Ausgang aus dem Haus war verschüttet. Wir Kinder fingen an zu weinen, Erwachsene beteten. Es gab keine Sauerstoffzufuhr mehr im Keller. Die Menschen schrien und wollten den Keller verlassen. Da das nicht mehr möglich war, wurden Kellerwände zu einem Nachbarhaus durchschlagen. Inzwischen waren die ersten Menschen bewusstlos. Es waren auch schon Tote unter den nun hysterisch vor Angst schreienden Menschen. Unsere Mütter hatten ihre Mühe, uns Kinder zusammenzuhalten. Inzwischen waren Stunden vergangen. Hauptsächlich starben ältere kranke Menschen und die kleinsten Kinder. Man kroch von einem Durchbruch zu dem nächsten. Von Haus zu Haus. Doch alle Kellerausgänge waren verschüttet. Hilflosigkeit. Die Menschen waren gefangen. Es wurde still. Nur das Weinen und Beten war noch zu hören. Am anderen Tag fielen plötzlich Funken von der Kellerdecke. Sollte das die Rettung sein? Der Funkenregen wurde dichter und es tat sich ein Loch nach oben auf. Man konnte ein Stück vom Himmel sehen. Brandgeruch strömte in den Keller, aber auch Luft zum Atmen. Helfer zogen eine Person nach der anderen nach oben, ins Leben. Über noch heißen Schutt und Haustrümmer wurden die Geretteten zu einer Sammelstelle gebracht. Vorbei an verstümmelten und angebrannten Leichen. Leichen, die an den Seiten aufgestapelt waren. Krankenschwestern oder andere Helfende versorgten die Geretteten. Brandwunden wurden verbunden und es gab endlich etwas zu essen und zu trinken. Mütter hatten Kinder im Gedränge verloren und suchten sie nun. Andere sagten: „Wir haben noch einmal Glück gehabt."

Evakuierung auf das sichere Land

Da es in den Städten nicht mehr ausreichenden Wohnraum gab, wurden viele Familien in das Umland evakuiert. Es wurde ihnen in einer Gemeinde auf dem Land eine Wohnung zugewiesen. Uns war das Wort „Evakuierung" unbekannt. Soweit es noch Bahnstrecken und Züge gab, wurden wir in diese verfrachtet und an den Zielort gebracht. Unsicherheit und Angst vor dem Neuen begleitete uns. Ein alter geflickter Bär oder eine Stoffpuppe waren unser Begleiter.

Auf dem Land schien die Welt für uns Kinder noch in Ordnung

Ein wunderbares Erlebnis – wenn wir nach getaner Arbeit mit in die Scheune fahren durften. Oh, wie hat das gejuckt

Dann standen wir auf einem Bahnhof, von dem uns fremde Menschen in unser neues Zuhause brachten. Meist war dies in Bauernhäusern. Unterschiedlich wurden wir dort aufgenommen. Nicht immer waren die Wohnungen freiwillig von den Besitzern zur Verfügung gestellt worden. So unterschiedlich war dann auch die Gastfreundschaft. Die einen waren hilfsbereit und unterstützten uns auf der Suche nach dem fehlenden Hausrat. Die anderen mussten den Wohnraum bereitstellen, was sie aber eigentlich nicht wollten. Lärm und Unruhe im Haus störten sie. Wir Kinder waren ihnen immer im Weg. Da war die Aufnahme nicht so sehr freundlich. Aber irgendwie ging es. Man gewöhnte sich aneinander. Wir waren nun einmal da.

Nun muss man unterscheiden. Es gab auch Bauern, die die Hilfe der Kinder auf den Feldern mit guter Verpflegung honorierten. Da gab es mal ein zusätzliches Stück Brot oder auch ein Stück Kuchen. Die Bäuerinnen steckten uns Kindern schon mal etwas Besonderes zu. Das war dann immer eine Freude.

Der Hof war natürlich auch Spielgelände. Wir strolchten in allen Ecken und Winkeln des Hofes herum. Dadurch entdeckten wir manche Quelle (sprich Hühnernester), in denen wir Eier fanden. Natürlich sollten sie der Bäuerin gegeben werden. Wurden sie auch. Trotzdem landete das eine oder andere Ei in Mutters Küche. Mit etwas schlechtem Gewissen zwar, schmeckten diese immer gut.

4. bis 6. Lebensjahr

Aus der Dunkelheit in das Licht

1943-1946

So sahen typische Familienbilder aus, während des Krieges oder kurz vor der Einberufung gemacht. Meist auch das letzte gemeinsame Bild

Hunger schieben trotz Lebensmittelkarten

Die Verpflegung in den Städten wurde immer dramatischer. Wir hätten gern herzhaft gegessen, aber was? Die meisten Lebensmittelgeschäfte waren zerbombt. Einkaufen war also nur bedingt möglich. Und das, was es gab, war nur mit Lebensmittelkarten erhältlich. Wir waren noch zu klein, um auf Hamsterfahrt zu gehen. Und wenn doch, war es nur mit größeren Geschwistern möglich. Diese Verpflegungssituation verstanden wir nur zum Teil. Die Mütter waren die Leidtragenden. Bei ihnen haben wir um etwas Essbares gebettelt. Wir hatten Hunger. Und dafür waren unsere Mütter zuständig. Die Väter gab es für

Chronik

18. Februar 1943
Reichspropagandaminister Goebbels hält im Berliner Sportpalast eine Rede, mit der er die Bevölkerung zur Mobilisierung der letzten Reserven für den Krieg aufruft. Goebbels Frage „Wollt ihr den totalen Krieg?" wird mit tosendem Beifall bejaht.

22. Februar 1943
Die Widerstandskämpfer Sophie und Hans Scholl (Weiße Rose) werden in München hingerichtet.

September 1943
Auf Befehl Himmlers werden die letzten Juden aus dem Warschauer Ghetto in Konzentrationslager deportiert. Seit 1939 wurden 400 000 polnische Juden ermordet.

6. Juni 1944
In der Normandie beginnt die groß angelegte Landung der Alliierten.

20. Juli 1944
Bei einem Bombenattentat des Oberst Graf Schenk von Stauffenberg auf Hitler werden vier Personen getötet. Hitler selbst wird nur leicht an seinem rechten Arm verletzt. Die Attentäter werden hingerichtet.

11. September 1944
Amerikanische Truppen überschreiten die deutsche Grenze.

30. April 1945
Am gleichen Tag, als sowjetische Truppen das Reichstagsgebäude in Berlin einnehmen, begeht Adolf Hitler mit der ihm einen Tag zuvor angetrauten Eva Braun im Bunker der Reichskanzlei Selbstmord.

6. und 9. August 1945
Über Hiroshima und Nagasaki werden von den Amerikanern Atombomben abgeworfen. 90 000 Menschen sind sofort tot, hunderttausende sterben an den Folgen.

9.–11. Februar 1946
In der sowjetischen Besatzungszone findet der Gründungskongress des Freien Deutschen Gewerkschaftsbundes (FDGB) statt.

30. September/1. Oktober 1946
In den Nürnberger Hauptkriegsverbrecher-prozessen werden die Urteile verkündet. Zwölf Nationalsozialisten werden zum Tode verurteilt.

uns nicht. Es wurde zwar von diesen gesprochen, aber wer war das. Für uns fremde Männer, die wir vielleicht einmal oder noch nie gesehen hatten.

Unsere Einschulung ohne Väter

Der große Tag war gekommen. Endlich durften wir in die Schule. So wie die größeren Geschwister. Die Mädchen wurden herausgeputzt. Und die Jungen zogen ihre beste kurze Hose an. Dazu lange Strümpfe, die mit Gummibändern gehalten wurden. Die Gummibänder waren oben an einem Hüftgürtel angenäht. Wie war das furchtbar.

Zwischen Hosenende und Strumpf-beginn war die nackte Beinhaut zu sehen. Wir kamen uns furchtbar komisch vor. Dazu gehörten noch die derben hohen Schuhe. Halbschuhe oder Sandalen für Kinder konnten sich nur die Familien mit mehr Geld in der Tasche leisten.

Auf dem Land war die Schulzeit natürlich viel einfacher. Der Lehrer war im Dorf bekannt. In der Ortshierarchie kam er gleich nach dem Pfarrer und Bürgermeister. Die Schule kannten wir schon ganz genau. Sie gehörte doch zum Ortsbild und war ein Gebäude, so bekannt wie die Kirche. Unangenehmer war, dass der Lehrer auch die Eltern

Das war das letzte Mal, dass wir Vater sahen – als wir in die Schule kamen, waren die meisten Väter im Krieg

genau kannte. Damit war klar, dass schlechtes Verhalten in der Schule unmittelbar bei den Eltern ankam.

In der Stadt war die Schulzeit nach der Einschulung sehr kurz. Städte wurden durch Bomben zerstört und die Einwohner mussten die bombardierten Städte verlassen. Die Väter waren nicht da. Sie hatten von den Entwicklungsschritten und den für uns damit verbundenen Schwierigkeiten keine Ahnung. Wir konnten ihnen nichts von unserer Unsicherheit und Angst erzählen. Fehlten uns diese unbekannten Männer? Wir wussten es nicht. Für uns war diese Situation ohne sie „normal".

Feldpost – Freude für die ganze Familie

Inzwischen wussten wir, dass es eine besondere Freude für die Mutter war, einen Brief von ihrem Mann zu bekommen. Es bedeutete, als er den Brief schrieb, hat er noch gelebt. Wenn über längere Zeit keine Nachricht von ihm gekommen war, wurde sie ganz unruhig. Die Ungewissheit, wie es ihm ging, war für sie sehr belastend. Wir kannten den Vater kaum oder auch gar nicht, aber die Sorge der Mutter konnten wir verstehen. Keine Post war erst einmal ein schlechtes Zeichen. Dann wurden Fragen gestellt, die aber niemand beantworten konnte. Lebt er noch; ist er verwundet; liegt er im Lazarett; wird er vermisst oder ist er verschollen? Und das große Fragezeichen, ob er je wieder nach Hause kommen würde.

Und dann kam wieder ein Feldpostbrief. Gespannte Erwartung, was der Vater wohl schreibt. Meist gab es keine genaue Ortsangabe, die uns hätte sagen

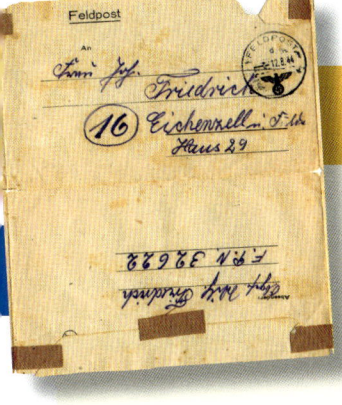

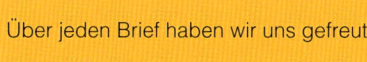

können, wo der Vater gerade war. Der Inhalt der Briefe war, was die Kriegsaktivitäten anging, immer sehr belanglos. Aber die Fragen, wie es uns geht, waren Bestandteil der Inhalte. Ob wir genug zu essen hätten und wie es uns gesundheitlich gehe. Das war uns wichtig. Die Hauptsache war, Post zu bekommen. Wir haben uns immer über die Grüße an uns Kinder gefreut. An den Schreibdaten der Briefe konnten wir erkennen, dass die Feldpost oft lange unterwegs war.

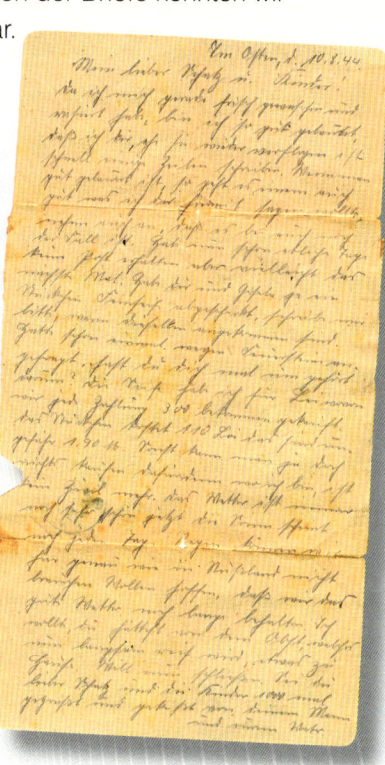

Übersetzung eines Feldpostbriefes

Im Osten, d. 10.8.44
Mein lieber Schatz u. Kinder!

Da ich mich gerade frisch gewaschen und rasiert habe, bin ich so gut gelaunt, daß ich dir, ehe sie wieder verflogen ist, schnell einige Zeilen schreibe. Wenn man gut gelaunt ist, so geht es einem auch gut, was ich dir hiermit sagen wollte. Nehme auch an, daß es bei euch noch der Fall ist. Habe nun schon etliche Tage keine Post erhalten, aber vielleicht das nächste Mal. Habe dir und Gisela je ein Stückchen Feinseife abgeschickt. Schreibe mir bitte, wenn dieselben angekommen sind. Hatte schon einmal wegen Feuerstein angefragt, hast du dich mal um gehört darum?

Die Seife habe ich für Lei, wovon wir jede Zahlung 300 bekommen, gekauft. Das Stückchen kostet 110 Lei, das sind ungefähr 1,90 M. Sonst kann man ja doch nichts kaufen dafür. Denn wo ich bin, ist kein Zivil mehr. Das Wetter ist immer noch sehr schön jetzt. Die Sonne scheint noch jeden Tag. Regen können wir hier, genau wie in Rußland, nicht brauchen. Wollen hoffen, daß wir das gute Wetter noch lange behalten. Ich wollte, du hättest von dem Obst, welches nun langsam reif wird, etwas zu Hause.

Will nun schließen. Sei du lieber Schatz und die Kinder 1000 mal gegrüßt und geküßt von deinem Mann und eurem Vater.
(Der Brief ist im Original in Sütterlin geschrieben.)

Anstehen für die Schulspeisung

Schulalltag in Ruinen

In den Städten, die bombardiert und zerstört waren, ergaben sich nach der Kapitulation erhebliche Raumprobleme. Die Schulgebäude waren zerstört und damit für den Unterricht nicht mehr zu nutzen. Noch bestehende Schulen wurden teilweise von den Besatzungsmächten in Beschlag genommen. Sie dienten zur Stationierung von Truppen. Es mussten also neue Schulräume geschaffen werden. Der Unterricht wurde nun an mehreren Standorten durchgeführt. Baracken wurden aufgestellt, um den Unterricht so gut als möglich zu gewährleisten. Um allen Jahrgängen die Möglichkeit der Unterrichtung zu sichern, wurden einerseits Stunden gestrichen und andererseits wurde auch am Nachmittag unterrichtet. Jede Klasse bekam nach dem Stundenende gesagt, in welchen Räumen die nächste Unterrichtsstunde stattfinden würde. Das hieß gut aufpassen, damit man immer am rechten Ort war. Dass das nicht immer so funktionierte, kann man sich vorstellen. Den Behörden wie auch den Eltern war es klar, dass diese Regelungen nur als Übergang und Provisorium anzusehen waren. Schnellstmöglich mussten neue Schulräume geschaffen werden.

Auf dem Land waren die Schulräume für die Schülerzahl der jeweiligen Orte ausgelegt. Durch Zuzug und Evakuierungen hatte sich die Zahl der Schüler erhöht. Es war deshalb üblich, zwei oder auch drei Jahrgänge in einem Klassenraum zu unterrichten.

In den Wintermonaten mussten die Klassenräume geheizt werden. Die Aufgabe bestimmter Schüler war es, den im Raum stehenden Ofen vor Unterrichtsbeginn anzufeuern. Zu Beginn der Stunde war es noch kalt und Rauchwolken hingen im Klassenraum. Dann wurde es warm und die Fußböden fingen an zu stinken. Aus breiten Dielen hergestellt und mit Wachs oder Fußbodenöl gepflegt, war der Geruch unerträglich. Also war es üblich, um frische Luft in den Raum zu bekommen, die Fenster zu öffnen. Das bedeutete aber, dass der Raum wieder kalt wurde. Es bestand sozusagen ein permanenter Kampf zwischen Sauerstoff und Wärme.

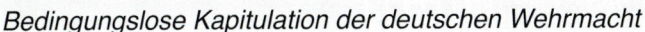

Bedingungslose Kapitulation der deutschen Wehrmacht

Ende des Zweiten Weltkriegs. Hitler beging am 30. April 1945, gemeinsam mit seiner Frau Eva Braun, Selbstmord. Er hatte Großadmiral Karl Dönitz und Joseph Goebbels zu seinen Nachfolgern bestimmt. Am 1. Mai beging Goebbels in Berlin Selbstmord. Da die Rote Armee bereits am 30. April die Fahnen auf dem zerstörten Reichstagsgebäude gehisst hatten, kapitulierte Berlin am 2. Mai 1945. Kapitulationsverhandlungen wurden im Auftrag von Dönitz von Generaloberst Alfred Jodl im amerikanischen Hauptquartier geführt. Ziel der Verhandlung war, entweder eine Teilkapitulation oder eine Gesamtkapitulation mit einer viertägigen Frist bis zur Einstellung aller Truppenbewegungen zu erreichen. General Dwight D. Eisenhower bestand jedoch auf einer sofortigen Gesamtkapitulation. Eine 48-stündige Frist zur Übermittlung an alle Truppenteile wurde zugebilligt. Im Namen des deutschen Oberkommandos unterzeichnete Jodl am Morgen des 7. Mai 1945 die Gesamtkapitulation im Alliiertenhauptquartier in Reims. Ein zweites Mal wurde die Kapitulation im sowjetischen Hauptquartier Berlin-Karlshorst unterzeichnet. Im Beisein hochrangigen deutschen Militärs und in Anwesenheit von Marschall Schukow wurde die Kapitulationsurkunde ratifiziert. Damit war in der Nacht zum 9. Mai 1945 der Zweite Weltkrieg in Europa beendet.

Langsam wurden wir Freunde

Wir lernen unsere Besatzer kennen

Es war ein ziemlicher Geräuschpegel, als wir die ersten Panzer sahen. So groß hatten wir sie uns nicht vorgestellt. Wir hielten uns in respektvoller Entfernung. Dann standen sie, stellten den Motor ab und Ruhe kehrte ein. Nach geraumer Zeit sprangen die Soldaten von ihrem Panzer herunter. In ihren Uniformen sahen sie unheimlich aus. So etwas hatten wir noch nie gesehen. Dann nahmen sie ihre Helme ab. Verwundert sahen wir vereinzelt schwarze Gesichter, die zum Vorschein kamen. Wir sahen unsere ersten Neger. Heute sagt man Farbige. Sie lachten uns mit ihren weißen Zähnen an und winkten uns freundlich zu. Die Mutigsten blieben stehen, die anderen von uns bewegten sich langsam rückwärts.

Von einigen Amis, wie wir sie nannten, kannten wir auch bald die Namen. Das waren Namen, die wir zum Teil noch nie gehört hatten. Wir bekamen auch kleine Geschenke von ihnen. Es begann mit „Chewinggum". Sie mussten uns erst zeigen, was wir damit machen mussten, um es zum Genuss werden zu lassen. Die Mädchen hatten dabei die größeren Chancen, sie zu bekommen. Jungen wurden von ihnen gebeten, das Eine oder Andere zu besorgen. Auf dem Lande waren Wurst und Speck vom Bauern die geeigneten Tauschobjekte. Im Gegenzug erhielten wir Kaffee und Zigaretten. Beides in dieser Zeit wertvolle Produkte zum Tauschen.

Draußen gibt es viel zu entdecken

Für uns begann eine spannende Zeit. Ob in der zerbombten Stadt oder auf dem Land. Der Krieg war zu Ende und wir konnten uns wieder frei und ohne Angst bewegen. Wir begannen uns in Gruppen zu treffen, um gemeinsam das Umfeld zu erkunden. Ruinen und Trümmerberge die einen, Land und Landwirtschaft die anderen.

Es wurden immer neue Spiele gefunden, die jeden Tag spannend machten. Für die, die auf dem Land geboren waren, gab es zugezogene Stadtkinder, die mit dem Landleben vertraut gemacht werden mussten. Sie mussten große und kleine Tiere kennen lernen. Tiere, die wir in der Stadt noch nicht gesehen hatten. Pferde kannten wir. Viele Händler hatten in der Stadt ihre Waren mit Pferdewagen ausgefahren. Kühe waren die Tiere, die man melken musste, um Milch zu bekommen. Hühner waren die Tiere, die die Eier legten. Enten und Gänse kannten wir nicht. Und so ging es weiter. Schafe, Puten, Schweine und, und ...

Beim Stoppeln mussten wir alle mithelfen

Grabeland und Stoppeln

Der Krieg war zu Ende, aber die Verpflegung war nicht gesichert. Mal gab es die notwendigen Lebensmittel, mal nicht. Da waren die Familien froh, die über ein so genanntes Stück „Grabeland" als Anbaufläche verfügten.

In den Städten waren das Landstücke, die halfen, den Eigenbedarf an Kartoffeln und Gemüse zu decken. Ehemalige Schrebergärten oder auch nur ein einfaches Stück Land hinter Ruinen. Jede Möglichkeit wurde genutzt. Auf dem Land bestand die Möglichkeit, vom Bauern ein vom Ackerland zugewiesenes Stück zur eigenen Bewirtschaftung zu erhalten.

7. bis 10. Lebensjahr

Es gab aber auch noch eine andere Möglichkeit, an Getreide, Kartoffeln und andere landwirtschaftliche Produkte zu kommen: das „Stoppeln". Unter Stoppeln verstand man die Nachlese von schon geernteten Feldern. Viele Bauern genehmigten das. Wo es nicht genehmigt war, haben wir es im Halbdunkel des Abends trotzdem getan. Bei der Ernte von Getreide fielen immer auch Ähren auf die Erde. Diese wurden aufgelesen und in einem umgehängten Sack gesammelt. Ob es nun Weizen oder Roggen war, spielte keine Rolle. Das Ergebnis der Sammlung war ein hochwertiges Mehl.

Versorgung der Menschen

Mit Kriegsende verschärften sich die bereits bestehenden Versorgungsprobleme. Die Militärregierung hatte Verwaltung und Organisation noch nicht im Griff, es traten Schwierigkeiten in allen Bereichen des öffentlichen und privaten Lebens auf. Wasserversorgung, Müllabfuhr und Verkehr waren zusammengebrochen. Die Versorgung der Bevölkerung mit Nahrungsmitteln verschlechterte sich rapide.

Flüchtlinge, evakuierte Menschen und entlassene Soldaten mussten untergebracht werden. Die Soldaten wurden vorübergehend in Gefangenenlager eingewiesen, aber bald wieder entlassen. Hausbesitzer wurden verpflichtet,

Die Zuteilung der knappen Lebensmittel erfolgte über Marken

Flüchtlinge aufzunehmen. In den Zeitungen fanden sich Tauschanzeigen, Bitten von Flüchtlingen um den notwendigsten Hausrat und Suchanzeigen nach Vermissten. Auch an zentralen Punkten der Stadt hinterließen Leute ihre Adressen in der Hoffnung, dass Verwandte und Freunde noch lebten und sich meldeten.

Männer, Fremdarbeiter und Heimkehrer

Die vom nationalsozialistischen Regime zur Arbeit im Deutschen Reich verpflichteten Fremdarbeiter blieben zum Teil in Deutschland. Auch deren Heimat war durch den Krieg zerstört oder durch Fremdbesetzungen nicht erreichbar.

Aus den zerbombten Städten waren viele Familien verzogen oder sie waren evakuiert worden. Die Suche nach ihnen war oft der Start der Heimkehr

Wir sahen sie überall in den Städten oder auf dem Land. Viele waren für die Arbeit in der Landwirtschaft eingesetzt. Sie lebten weiter in den Dörfern und auf größeren Bauernhöfen. Sie hatten sich eingelebt und hatten ein zweites „Zuhause" gefunden. Aber es gab auch die, die ziellos durch Deutschland vagabundierten, oder die, die sich einer deutschen Frau und deren Familie angeschlossen hatten.

Dann kam die Zeit, als die ersten deutschen Männer, die in Kriegsgefangenschaft waren, entlassen wurden und wieder in ihre Heimat zurückkamen. In eine Heimat, die sie so nicht kannten. Ihre Frauen waren nicht mehr die Frauen, die sie vor dem Krieg waren. Während die Männer bei der Wehrmacht waren, hatten sie alle Entscheidungen für die Familie zu treffen. Sie waren selbstbewusst geworden und hatten sich ihr Leben ihren Vorstellungen entsprechend eingerichtet. Die Heimkehrer hatten zum Teil ihre Sicherheit im täglichen Leben verloren und standen, abgemagert und oft körperlich und seelisch krank, vor ihren Familien.

Wir hatten nicht erwartet, plötzlich wieder einen Vater zu haben. Unsicher und verwirrt sollten wir zu einem fremden Mann „Vater" sagen. Viele Familien sind an dieser Situation zerbrochen.

Es gab aber auch die Heimkehrer, die ihre Familien suchten und nur auf Umwegen fanden. Ebenso versuchten Frauen ihren Mann zu finden. Das „Deutsche Rote Kreuz" war die einzige Hilfe. Tragisch war dann die Auskunft, dass der Gesuchte nicht ermittelt werden konnte. Mit der Auskunft gefallen, vermisst oder verschollen mussten sich die Familien abfinden.

7. bis 10. Lebensjahr

Die Selbstverwaltung der Deutschen beginnt

9. Mai 1946: Auf dem ersten Parteitag der SPD wurde der 51-jährige Kurt Schumacher zum Parteivorsitzenden gewählt. Der 70-jährige Konrad Adenauer führte seit dem 5. März 1946 die CDU in der britischen Zone. Schumacher kämpfte einerseits gegen die Wiederherstellung der privatwirtschaftlichen Ordnung und andererseits gegen die Kommunisten der sowjetischen Zone, deren Politik er arbeiterfeindlich nannte.

1946 begann in allen Besatzungszonen ein allmählicher Demokratisierungsprozess. Die Bevölkerung wurde zu Gemeinde-, Kreistags- und Landtagswahlen aufgerufen, demokratisch gewählte Regierungen lösten die zuvor eingesetzten ab. Landesverfassungen wurden entworfen und schließlich durch Volksabstimmungen verabschiedet.

Insgesamt waren die Westalliierten bemüht, einerseits Demokratie und Selbstverwaltung in den ihnen unterstehenden Zonen herzustellen, andererseits sollte verhindert werden, dass Deutschland erneut in der Lage war, einen Krieg zu führen und die Nachbarstaaten anzugreifen.

Tiere auf einem Bauernhof

Ein besonderer Reiz bestand für uns in der Vielfalt der Tiere. Es gab kleine zum Streicheln, die man auf den Arm nehmen konnte, und große, die wie Berge vor uns standen und vor denen wir Angst hatten. Allgegenwärtig waren die Hunde. Sie liefen überall herum. Ebenso die Katzen. Aber im Gegensatz zu den Hunden hielten sie immer Abstand zu uns. Wir waren ihnen wohl zu wild. Mit Hunden konnten wir spielen. Immer wilde Spiele. Mit lautem Bellen liefen sie vor uns her oder holten den weggeworfenen Stock. Wenn wir sie so weit geschult hatten, dass sie noch aufs Wort hörten, waren wir sehr stolz auf uns. Mit den geflügelten Haustieren konnte man nicht spielen. Puten, Enten und Hühner nahmen Reißaus, wenn wir kamen. Nur bei den Gänsen war es etwas anders. Wenn wir sie jagen wollten, kamen sie zischend auf uns zu. Kamen sie in größerer Zahl, liefen wir weg. Bei einzelnen Gänsen fühlten wir uns stark und trieben sie vor uns her, bis sie sich schnatternd, schimpfend und flügelschlagend auf einen Teich oder Bach zurückzogen.

Ganz anders war es bei den Schweinen. Sie waren reine Stalltiere. Wenn wir zu ihnen kamen, gab es immer einen höllischen Lärm. Für sie war es klar, wenn jemand in den Stall kam, gab es Fressen. Vor ihnen hatten wir Respekt.

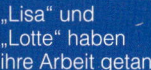

„Immer schön Abstand zum Schweinekoben halten", war die Devise. Sonst konnte man nichts mit ihnen anfangen. Etwas größer waren dann die Kälber. Die waren schön und wild. Wenn man ihnen die Hand hinhielt, fingen sie sofort an, an zwei oder drei Fingern zu saugen.

Die Mütter der Kälber waren wiederum so groß, dass ihnen mit Abstand begegnet werden musste. Am besten war es, nicht zu dicht hinter ihnen zu gehen. Da konnte es schon passieren, dass uns die Kuh beim Verjagen der Fliegen einen richtig harten Schwanz durch das Gesicht peitschte. Das tat sehr weh. Später, als wir gelernt hatten, die Kühe zu melken, haben wir den Schwanz einfach am Bein festgebunden. Die Kühe kamen im Sommer, wenn das Heu eingefahren war, auf die Weide. Dann konnten sie frei herumlaufen. Aber nur in dem Umfang wie wir das zuließen. Denn wir mussten sie hüten. Mit einem Stock und entsprechenden Zurufen wurden sie wieder zurück zur Herde getrieben. Es gab aber auch Kühe, die interessierte das Gras mehr als unsere Bemühungen, sie zurückzutreiben. Man musste dann sehr mutig auf sie zugehen und ihnen tief in die Augen sehen. Das war der Rat des Bauern, solche Situationen zu meistern. Ob der Blick geholfen hat oder ob die Kuh von unserem Geschrei genug hatte, ist schwer zu beurteilen.

Ja, und das Beste waren die Pferde. Manche Bauern hatten zu den schweren Ackerpferden auch noch ein oder zwei Reitpferde. Aber das waren dann schon größere Bauernhöfe. Ackerpferde, die vor einen Pflug oder ein anderes landwirtschaftliches Gerät gespannt wurden, waren meist sehr gutmütig und willig. Sie zogen fast alles weg, ob es nun hoch geladene Erntewagen oder Holzstämme aus dem Wald waren. Kam es vor, dass die Fuhre auch für sie zu

Hier lassen wir uns nicht verjagen

schwer war, wurden noch zwei Pferde davor gespannt. Wenn wir sie danach mit dem leeren Wagen auf das Feld lenken durften, waren wir sehr stolz. In Ausnahmen durften wir auch mal auf einem der Reitpferde reiten, aber der Bauer führte dann das Pferd am Zügel.

Das Leben in der Stadt normalisiert sich

Andere von uns hatten das Leben in der Stadt vor sich. Häuser, von denen nur noch die Reste der Außenmauern standen. Straßen, die eigentlich keine mehr waren. Über Trümmer mussten sie sich ihren Weg bahnen. Man begann zwischen den Steinen und Schuttresten Trampelpfade anzulegen. Oder es wurden Wege gefunden, die kreuz und quer, über Berg und Tal, um Reste von Häusern oder durch diese verliefen. Sich neu in der Stadt zu orientieren wurde notwendig. Aber dieses Wirrwarr an Gelände hatte für uns auch seinen Reiz. Abenteuer war angesagt. Wer fand den kürzesten Weg von den noch bewohnbaren Häusern oder Kellern zu einem Geschäft, das plötzlich wieder Milch oder andere Lebensmittel im Verkauf hatte? Außerdem eignete sich das Gelände hervorragend zum Spielen. „Sich suchen" war eines der spannenden Spiele. Spannend und gefährlich. Mauerreste konnten einstürzen. Reste von Kellertreppen konnten ganz plötzlich einbrechen oder wurden durch herabstürzende Steine verschüttet. Die Erwachsenen warnten uns vor den Gefahren.

In den Trümmern fanden wir noch
Brauchbares zum Tauschen und Spielen

Nicht immer nahmen wir diese Warnungen so ernst, wie sie gemeint waren. Es
gab ja auch so viele Dinge zu finden, die noch zu gebrauchen waren. Vielleicht
waren genau dies Tauschobjekte, die wir benötigten, um sie gegen einen Apfel
oder anderes einzutauschen. Wenn es uns dann gelang, Lebensmittel zu
ergattern, war zwar die Mutter darüber froh, aber gab gleichzeitig auch die
Warnung, wie gefährlich der Tausch mit den in den Trümmern gefundenen
Dingen war. Uns wurde das Versprechen
abgenommen, es nie wieder zu tun. Das
hatten wir dann auch ernsthaft vor. Aber beim
nächsten Durchstöbern der Trümmer konnten
wir verwertbare Gegenstände nicht einfach
liegenlassen. Sie wurden mitgenommen und
ein Tauschpartner gesucht. Wir lebten in und
mit den Trümmern.

Auch für die Erwachsenen änderte sich das
Leben. Sie gingen wieder tanzen. Bald
öffneten auch die ersten Kinos. Das gesell-
schaftliche Leben bekam seinen Stellenwert
zurück. Man konnte wieder „ausgehen".

Das Leben begann sich zu normalisieren,
kulturelle Veranstaltungen waren wieder im
Angebot, in den Städten waren die Litfaßsäu-
len interessanter Informationspunkt

1947-1950

Das Leben ist wieder schön

Schwer beladen –
Rückkehr vom Hamstern

Hamsterfahrten aufs Land

Mit dem 8. Mai 1945 endete nicht nur der Zweite Weltkrieg in Deutschland. Im Bombenhagel der alliierten Luftangriffe wurde nicht nur das Nazi-System vernichtend geschlagen, sondern ganze Städte wurden ausradiert, Industrieanlagen zerstört, die Infrastruktur in weiten Teilen verwüstet. Die Hoffnung auf eine Wende, die viele Menschen in Deutschland mit dem Kriegsende verbanden,

Chronik

1. Januar 1947
Die amerikanische und britische Zone werden als „Bizone" zu einem einheitlichen Wirtschaftsgebiet zusammengeschlossen.

3. April 1948
Mit der Unterschrift des amerikanischen Präsidenten Harry S. Truman tritt der Marshallplan in Kraft. 5,3 Milliarden Dollar Auslandshilfe sollen Europa wirtschaftlich wieder auf die Beine helfen.

19./20. Juni 1948
Mit der Bekanntgabe des Währungsgesetzes durch die Westalliierten und der Einführung der DM in den westlichen Besatzungszonen tritt die Währungsreform in Kraft.

24. Juni 1948
Durch eine Sperrung der Land- und Wasserwege für den Güter- und Personenverkehr blockiert die UdSSR den Zugang von Westdeutschland nach Berlin. Amerikanische und britische Flugzeuge sichern die Versorgung Westberlins auf dem Luftweg.

14. August 1949
Es finden die ersten Wahlen zum Bundestag der neu gegründeten Bundesrepublik Deutschland statt.

13. Oktober 1949
Durch den Zusammenschluss der Gewerkschaftsbünde der amerikanischen, britischen und französischen Zone entsteht auf einem Kongress in München der Deutsche Gewerkschaftsbund (DGB), zum Vorsitzenden wird Hans Böckler gewählt.

13. Februar 1950
Im US-Fernsehen warnt Nobelpreisträger Albert Einstein eindringlich vor den Gefahren des atomaren Wettrüstens.

März/April 1950
Mit der Zuteilungsperiode März/April endet die staatliche Lebensmittelbewirtschaftung in Deutschland.

22. November 1950
Im ersten Fußballländerspiel nach dem Zweiten Weltkrieg schlägt die Nationalmannschaft der Bundesrepublik Deutschland die Schweiz mit 1:0 Toren.

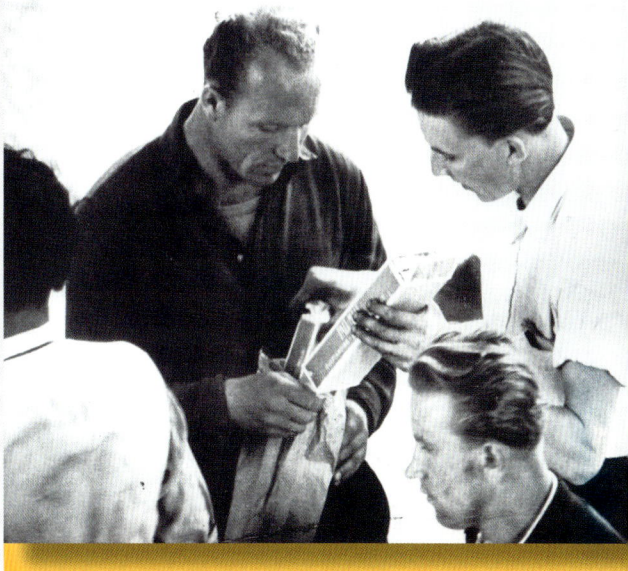

Zigaretten dienten in der Nachkriegszeit als Zahlungsmittel auf dem Schwarzmarkt

wurde zumindest in wirtschaftlicher Hinsicht auf eine lange Geduldsprobe gestellt. Die Jahre 1946 und 1947 waren von Not und Hunger bestimmt. Lebensmittel und Güter des täglichen Bedarfs waren streng rationiert und nur gegen Bezugsscheine erhältlich. Die Bevölkerung hungerte in Deutschland. Die Hamsterfahrten der Städter aufs Land waren für viele unverzichtbar, um einigermaßen über die Runden zu kommen. Die Reichsmark als Währung war bei diesen Fahrten weitgehend nutzlos. Man war nicht bereit, Güter gegen Geld aus der Hand zu geben. Die Tauschwirtschaft mit all ihren Merkwürdigkeiten bestimmte den Alltag. Tafelsilber gegen Butter, Schmuck gegen Kartoffeln oder Speck. Viele Luxusgüter wanderten in dieser Zeit von den Städten aufs Land. Eine Ware kristallisierte sich als Währungsersatz heraus: Zigaretten. Auch zwischen

11. bis 14. Lebensjahr

Industriebetrieben funktionierte der Handel auf der Basis des Naturalientausches. An wirtschaftlichen Aufschwung war unter diesen Bedingungen nicht zu denken. Nur die Blüte des Schwarzhandels war zu erkennen. Man musste genügend Dinge zum Tauschen haben oder halt Zigaretten.

Weites Land – unser Radius wird größer

Immer größere Spielräume wurden von uns eingenommen. In den Städten war uns der unmittelbare Bereich der Straße zu eng geworden. Wir schwärmten in andere Stadtviertel aus. Spiele, die bisher auf den unmittelbaren Wohnbereich eingegrenzt waren, dehnten sich nun über das halbe Stadtgebiet aus. Wege wurden durch die Trümmerreste gefunden. Schutt und Steine wurden sortiert. Die Steine konnten wieder zum Bauen von Häusern verwendet werden. Der Schutt wurde aus der Stadt gefahren und zu Bergen aufgeschüttet. Ruinen wurden zum Einsturz gebracht. Planungen für neue Straßenzüge entstanden. Wir sahen, wie eine Stadt ihr Aussehen veränderte.

Und auf dem Land? Da war vom Krieg nichts mehr zu spüren. Wir konnten uns in weitaus größerem Umfeld bewegen. Es gab Wälder, in denen wir uns als Indianer oder Trapper bewegten. Möglichst ohne Geräusche. Wir wollten ja Wild jagen. Die Mädchen durften als Squaw mit dabei sein. Sie sollten das gejagte

Vom Stamm der
Tal-Indianer

36

Wild zum Essen zubereiten. Allerdings kam es selten zu diesen Wildgerichten. Unser Jagderfolg wurde meistens mit „Fast hätte ich den Hasen gehabt", beschrieben. Es gab Flüsse oder Bäche, in denen wir versuchten Fische zu fangen. Das gelang allerdings schon etwas besser. Nur erwischen lassen durften wir uns nicht. Wenn doch, dann wurde die Strafe direkt ausgesprochen und vollzogen. Den Vorfall an die Polizei zu melden, war nicht so üblich. Nur die Familie erfuhr vielleicht davon. Mit dem Ergebnis des zweiten Strafvollzugs.

Im Winter gab es Eis oder Schnee. Wir wollten Schlittschuhe haben. Manchmal fanden sich welche auf einem Boden oder Keller. Sie wurden mit einer Kurbel an den ältesten Schuhen angeschraubt. Zum Leidwesen der Eltern. Denn die Schuhe waren nach dem Winter dann nicht mehr zu gebrauchen. Die Absätze waren durch die Backen der Schlittschuhe vollkommen zerquetscht und die Sohlen waren nur noch am Schuh, weil sie immer wieder mit kleinen Nägeln festgepinnt wurden.

Gleich hebt er ab

Der Wonnemonat Mai

Wieder war es Mai. Die Bäume wurden mehr und mehr grün. Die Luft war mild. Abends konnte man sich schon im Freien aufhalten ohne zu frieren. Eines Abends ging die Meldung unter uns Kindern rund: „Sie sind da."

Was war geschehen? Der erste Maikäfer war gesichtet worden. Es war wie ein Wettbewerb, jeder von uns wollte der Erste sein, der einen Maikäfer mit in die Schule brachte. In einem Kasten, der mit Blättern ausgelegt war, wurde er vorgeführt Die günstigsten Stellen für den Fang waren bekannt. Dort trafen wir uns. Jeder mit einem Reiserbesen und einer Schachtel ausgerüstet. Es war ein kleiner Abhang, auf dem man von unten gegen den abendlichen Himmel sehen konnte. So waren die Käfer am besten auszumachen. Mit dem Besen wurden sie dann heruntergeschlagen und in den Schachteln verstaut. In guten Jahren war die Ausbeute so groß, dass wir am anderen Tag die Hühner damit füttern konnten. So ist halt der Lauf: Die Großen fressen die Kleinen.

11. bis 14. Lebensjahr

Schwarzschlachtung

Die Versorgung der Bevölkerung war in dieser Zeit ein Problem. Der Bestand an Schlachtvieh war nicht in dem Ausmaß vorhanden, wie er erforderlich gewesen wäre, um den Markt abzudecken. Deshalb wurden regelmäßig Viehzählungen durchgeführt, um den Bestand der Tiere zu kontrollieren. Die Bauern durften kein Vieh für den eigenen Bedarf schlachten. So die offizielle Lesart. Natürlich gab es gesetzestreue Bauern, aber auch welche, die versuchten, das Gesetz zu umgehen. Dies bedeutete Schwarzschlachtung. Auf den größeren Höfen war es zum Teil üblich, in irgendeiner Ecke des Hofes, getrennt vom Schweinestall, ein Schwein zu füttern. Es wurde damit nicht in dem vorhandenen Bestand aufgeführt. Das durfte der Nachbar möglichst nicht erfahren. In einer Nacht-und-Nebel-Aktion wurde das Schwein bei erreichtem Gewicht geschlachtet. Wenn alles glatt gegangen war, gab es wieder frische Wurst und Fleisch. Meist übernahmen der Bauer selbst oder ein Metzger die Tötung. Natürlich bekam der Metzger etwas von dem Schwein ab. Dafür war man sich seiner Verschwiegenheit sicher. Sollte ein Nachbar doch etwas gemerkt haben, versuchte man ihn durch die Gabe von Schweineanteilen zu bestechen, damit er von einer Anzeige absah. Meist waren diese Bestechungen erfolgreich. Wie heißt es doch so schön: Eine Krähe hackt der anderen kein Auge aus. Wir, die wir diese Schlachtung mitbekamen, profitierten auch davon. Nicht sehr üppig, aber immerhin.

Altmetall und Taschengeld

Noch immer gab es Ruinen, die nicht aufgeräumt waren. Aufgeräumt im Sinne von abgefahrenem Schutt. Oder die Trümmerfrauen hatten die Steine noch nicht sortiert.

In diesen Ruinen konnten wir noch Gegenstände finden, die verwertet werden konnten. Hauptsächlich hatten wir es auf Metalle abgesehen. Ob das nun Wasserrohre oder deformierte Bettgestelle waren, spielte keine Rolle. Selbst Draht, Stromkabel oder zerbeulte Badeöfen wurden von uns gefunden. Oft allerdings mussten wir sie aus den Schuttbergen ausgraben. Natürlich waren das gefährliche Aktionen, die auch schon einmal mit einem eingeklemmten Fuß oder einer Quetschwunde an Hand oder Arm endeten. Das war zu ertragen, denn wir wussten, dass diese Metalle gut zu verkaufen waren. In dieser Zeit war das Geschäft mit Altmetallen ein ertragreiches. Es gab in der Stadt mehrere Altwarenhändler, so genannte Schrotthändler, die uns diese

Aus gefunde-
nen Gegen-
ständen
wurden neue
Spielgeräte

gefundenen Gegenstände abkauften. Damit konnten wir unser Taschengeld aufbessern.

Wir bekamen zwar ein kleines Taschengeld von den Eltern. Aber die Möglichkeiten der Eltern, uns etwas Geld zu geben, waren beschränkt. Uns war das, was wir bekamen, zu wenig. Wir mussten also Quellen finden, um unser Taschengeld aufzubessern. Am ergiebigsten, aber auch am mühsamsten, war es, im Wald Heidelbeeren zu sammeln. Wer will schon im Wald herumkriechen und Beeren sammeln? Die Mütter hatten diese Einnahmequelle auch entdeckt. So waren sie es, die uns immer wieder anspornten, mit ihnen in den Wald zu gehen. Ihr Interesse lag allerdings in der Möglichkeit, die Haushaltskasse aufzubessern. Das bedeutete für uns, dass die von uns gesammelten Beeren und der daraus erzielte Erlös zum Teil von der Mutter vereinnahmt wurden. Größere Mengen Beeren brachten auch mehr Taschengeld. Das sahen wir zwar nicht ein, aber es gab kein Entweichen. Wollten wir Geld haben, mussten wir pflücken statt zu spielen. Da nicht nur wir, das heißt unsere Familie, in den Wald gingen, wurden auch die Wege zu den ertragreichen Beerengründen immer länger. Also musste die Ausbeute eines Tages gesteigert werden. Es kam in Mode, die Beeren mit einem „Kamm" zu pflücken. Das war ein Metallkamm mit weiter auseinanderliegenden Zinken. Der Kamm wurde durch die Heidelbeersträucher gezogen. Also die Heidelbeeren wurden „gekämmt".

Der Nachteil an dieser Methode war, dass vermehrt Blätter und kleine Triebe der Sträucher mit im Eimer landeten. Dadurch war der Eimer zwar schneller voll, aber die Nachlese reduzierte die Menge der Beeren wieder.

Die Währungsreform

Tauschwirtschaft, Schwarzmarkt und die Entwertung der Reichsmark mussten beseitigt werden, um in Deutschland den Aufschwung der Wirtschaft zu ermöglichen. Die Westalliierten erkannten, dass hierzu ein grundlegender Schritt erforderlich war.

Sie planten eine Währungsreform. Durch den Zusammenschluss der drei Westzonen zum einheitlichen Wirtschaftsgebiet war die Grundlage für die Schaffung einer neuen Währung erfolgt. Ohne die Beteiligung deutscher Wirtschaftsexperten wurden die Details für die Umstellung von amerikanischer und britischer Seite unter strenger Geheimhaltung festgelegt. Alle Geheimhaltung jedoch nützte nichts.

In der Bevölkerung kursierten Gerüchte über die Reform. Vor allen Dingen über den Tag X, den Zeitpunkt der Reform. Das Währungsgesetz wurde am 19. Juni 1948 bekannt gegeben und besagte, dass die neue Währung ab dem 20. Juni 1948 ausgegeben werden sollte. Das war der Tag der „DM".

40 DM je Bewohner der Trizone waren das Startkapital. Schon am nächsten Tag stand die Bevölkerung erstaunt vor den Schaufenstern. Da waren plötzlich Güter zu sehen, von denen man bisher nur

Schlangen bildeten sich vor den Wechselstuben. Jeder wollte möglichst schnell die neue Währung „DM" haben

träumen konnte. Die Preise waren allerdings schon auf die neue DM ausgelegt. Nur wer genug Geld hatte, konnte die Produkte kaufen. Trotz anfänglicher Schwierigkeiten führte die neue „DM" zu wirtschaftlichem Aufschwung. Es war eine absolut positive Entwicklung erkennbar. Die Geschichte der „DM" bestätigte die Erwartungen der Alliierten.

Das war sie nun, die neue DM

Besatzungskind, ein schweres Los

Immer mehr Besatzungssoldaten nahmen Kontakt zu deutschen Familien auf. Wenn dann noch eine Tochter in der Familie im heiratsfähigen Alter war, konnte es sein, dass die Kontakte noch enger geknüpft wurden. In ihrer Freizeit kamen die Soldaten und wurden mit der Zeit zu einem Mitglied der Familie. Sie brachten

dann immer ganz besondere Leckereien mit. Lebensmittel, die wir im normalen Handel nicht bekamen. Aus diesen Besuchen ergaben sich zwangsläufig auch Liebeleien zwischen deutschen Frauen und den Soldaten. Vermehrt sahen wir Frauen, die einen Kinderwagen schoben, in dem ein kleines farbiges Kind lag. In der Stadt waren diese Frauen nicht selten. Auf dem Land war es oft so, dass sie von der Dorfbevölkerung gemieden wurden. Man nannte sie „Amiflittchen". Solange die Kinder aus diesen Liebschaften noch klein waren, sah man sie noch als süße „Negerkinder" an. Unsere Eltern blickten jedoch schon weiter. Die Stationierung der Väter war irgendwann vorbei und die Mütter saßen mit ihren Kindern allein in Deutschland. Viele dieser Kinder wurden in Heime abgeschoben. Insgesamt sprach man von ca. 70 000 solcher Besatzungskinder.

Allerdings waren es oft nicht die Mütter, die von sich aus ihr Kind in ein Heim gaben. In vielen Fällen waren es auch die Familien, die darauf drangen, dass dieser „Schandfleck" aus der Familie verschwand. Aber am stärksten betroffen waren die Kinder. Sie waren nun einmal anders. Sie sprachen zwar deutsch, sahen aber anders, halt farbig, aus. An den Schulen tauchten sie vermehrt auf. Entweder wurden sie total abgelehnt oder man schmückte sich mit ihnen. Beides war ein Verhalten, unter dem diese Kinder litten.

Ehrenhalber muss man sagen, dass es auch Familien gab, die die farbigen Kinder bei sich aufnahmen, die sich für sie einsetzten und sie unterstützten.

Sommer- und Winterspiele

Ob Sommer oder Winter, unser Spielplatz war im „Freien". Das Wetter musste schon extrem schlecht sein, um sich in der Wohnung aufzuhalten. Draußen war unser Spielrevier. War es sehr kalt, hatten einige von uns Jacken an, die aus alten Wehrmachtsdecken genäht waren. In den Familien oder in der Nachbarschaft gab es immer jemand, der in der Lage war, diese Jacken zu nähen. Unser Schuhwerk waren oft Filzstiefel, die wie auch die Decken aus Wehrmachtsbeständen organisiert waren. Die Stiefel waren uns zwar meist zu groß, aber wir hatten warme Füße. Bachläufe wurden gestaut und Wiesenmulden überflutet. Das geschah natürlich mit dem Einverständnis der Bauern. Sie hatten gleichzeitig den Nutzeffekt, dass die Wiesen mit den Sinkstoffen aus dem Wasser gedüngt wurden. Dies geschah meist im Herbst. Wenn es dann Frost gab, entstanden gute Eisflächen. Auf diesen Eisflächen versammelten wir

Freude am Spiel – wichtiger als ein guter Schläger

uns. Wer keine Schlittschuhe hatte, rutschte mit großem Anlauf auf den angelegten schneefrei gefegten Rutschbahnen. Das Eis auf den Wiesen barg keine Gefahren des Einbruchs. Daher hatten unsere Eltern keine Bedenken, uns laufen zu lassen. Meist wurden Schlittschuhe untereinander ausgeliehen. Aus Stöcken wurden Eishockeyschläger. Wer zu Hause einen Opa hatte, konnte auch schon mal auf einen abgelegten Spazierstock zurückgreifen. Der runde Stockgriff war der ideale Schläger. Als Puck war ein kleiner Ball am besten geeignet. Den

Alles muss gelernt sein

Das war das Beste:
Ein Solokanister

hatten wir allerdings nicht immer, dann tat es auch ein Stein. Wenn genug
Schnee gefallen war, wurde jeder kleine Hang genutzt, um Schlitten zu fahren.

Im Sommer waren die Spielmöglichkeiten natürlich noch vielfältiger. Soweit
Wald in der Nähe des Wohnortes war, bot er sich für alle möglichen Spiele an.
Wir verabredeten uns und zur angegebenen Zeit entfernten sich die „Einge-
weihten" heimlich von ihren Familien. Heimlich, weil es die Eltern nicht gern
sahen, wenn wir allein in den Wald gingen. Aber Hütten im Wald waren wichtig
und unsere geheimen Treffpunkte. Sie wurden mit viel Aufwand und Zeit
gebaut. Die richtige Stelle musste gefunden und Zweige und Laub zusammen-
getragen werden. Der Bauplan wurde besprochen.

Wenn sie dann fertig waren, verloren wir schnell das Interesse an ihnen. Es
gab ja auch noch andere Möglichkeiten zum Austoben. Zum Beispiel am und
im Wasser. Ob nun Bäche, Flüsse oder Teiche und Seen, es musste Wasser
sein. Der Fischfang übte einen ganz besonderen Reiz auf uns aus. Bäume, die
über das Wasser hinausragten, waren besonders geeignet, um Fische zu
„stechen". Dazu wurden drei- oder vierzinkige Gabeln aus Mutters Bestand an
einem stabilen Stock befestigt. Wenn dann unter dem Baum ein Fisch stand,
wurde fest zugestochen. Wie man sich denken kann, war der Erfolg dieser
Fangmethode dürftig. Wasserspiegelungen ließen uns das Ziel meist verfehlen.

Wer von uns dann doch Glück gehabt hatte, war stolz und in unseren Augen ein Könner.

Aber noch spannender war es, im Sommer ein Floß zu bauen. Das bedurfte allerdings einer langfristigen Planung und Materialbeschaffung. Als Erstes mussten Kanister als Auftriebskörper organisiert werden. Zwei hatten wir, aber es mussten ja mindestens vier Stück sein. Also hieß es weitersuchen. Da während der Kriegszeit Treibstoff, wenn man ihn bekam, gehortet worden war, gab es auf manchen Bauernhöfen leere Kanister. Wir durften uns nur nicht erwischen lassen. War dann alles Zubehör beisammen, konnte der Bau beginnen. Jeder von uns hatte so seine Ideen zu der Ausführung. Wir einigten uns und irgendwann war das Floß fertig. Nur ein Mast mit einer Fahne fehlte noch. Ein Mast war nicht das Problem. Die Fahne war es. Es sollte natürlich eine Fahne mit einem Totenkopf sein. Jetzt hatten die Mädchen ihre große Stunde. Sie erklärten sich bereit, eine solche Fahne zu nähen mit der Garantie, beim Stapellauf mit dabei zu sein. Dann kam der Tag. Wir beförderten das Floß von dem geheimen Bauplatz ins Wasser. Wenn es dann schwamm, so sicher waren wir uns dessen nicht, war der Jubel groß.

Ernte auf dem Kartoffelkraut

Man konnte es schon sehen. Das Kraut der Kartoffeln war angefressen und die Blätter waren eingerollt. Der nächste Schultag brachte die Bestätigung. Der Lehrer kündigte eine Sammelaktion auf den Kartoffelfeldern an. In Gruppen eingeteilt, jeder mit einer Büchse in der Hand, wurden die Kartoffelreihen abgegangen. Es gab bei uns vermehrt den Kartoffelkäfer. Der Käfer und sein Nachwuchs waren das Ziel der Sammelaktion. Er war als Schädling erkannt und musste weg. Orangefarbig krochen die Larven auf den Blättern herum und fraßen sich durch. Besonders appetitlich sahen sie nicht gerade aus. Die Kartoffelkäfer, sozusagen die Muttertiere, taten das gleiche. Länglich gestreift sahen die ganz hübsch aus. Sie waren auch trocken und glatt, was man von den Larven nicht gerade sagen konnte. Wenn dann die Reihen abgesammelt waren, wurde das Ergebnis der Sammlung in einen Eimer geschüttet und mit Petroleum oder einer ähnlichen Flüssigkeit übergossen und vernichtet.

1951-1955

Die Zeit der großen Schritte

Schule für die einen, Lehre für die anderen

Es war eine Zeit, in der Entscheidungen zu treffen waren. Entlassung aus der Schule, das war dann der Volksschulabschluss. Oder weiter die Schule besuchen, die Realschule oder das Gymnasium. Diese Entscheidung war in den Städten etwas leichter zu treffen, gab es doch dort beide Schulsysteme. Auf dem Land gab es diese weiterführenden Schulen nicht. Fahrgelegenheiten in die nächsten Städte waren die Voraussetzung für den weiteren Schulbesuch. Dabei waren nicht unsere schulischen Möglichkeiten entscheidend, sondern auch die finanzielle Grundlage in der Familie. Viele von uns wären gern auf weiterführende Schulen gegangen, aber die Kosten konnten von den Familien nicht getragen werden. Also blieb nur eine Lehre als weiterer Schritt ins Leben. Ob wir nun wollten oder nicht. In den meisten Fällen bestanden die Eltern auf

Chronik

10. April 1951
Der Bundestag verabschiedet das Gesetz über die Mitbestimmung der Arbeitnehmer in den Aufsichtsräten und Vorständen des Bergbaus, der Eisen- und Stahlindustrie.

3. Januar 1952
Das Gesetz zum Schutz der Jugend in der Öffentlichkeit tritt in Kraft.

Februar/August 1952
Die VI. Olympische Winterspiele in Oslo und die XV. Olympische Sommerspiele in Helsinki finden erstmals nach dem Zweiten Weltkrieg unter Teilnahme von deutschen Sportlern statt.

26. Mai 1952
Zwischen der Bundesrepublik Deutschland und den drei westlichen Besatzungsmächten wird der Deutschlandvertrag geschlossen. Er verleiht der Bundesrepublik Deutschland die Souveränität.

11. Oktober 1952
Das am 19. Juli vom Bundestag gegen die Stimmen von SPD und KPD angenommene Bertriebsverfassungsgesetz tritt in Kraft. Es sieht die Einführung von Betriebsräten mit mindestens fünf ständig wahlberechtigten Mitgliedern vor.

17. Juni 1953
Arbeiteraufstand in der DDR: In 272 Städten und Ortschaften der DDR brechen Streiks, Demonstrationen und Unruhen aus, an denen sich 300 000 Arbeiter beteiligen.

17. Juni 1954
Erstmals wird in der Bundesrepublik der Tag der Deutschen Einheit gefeiert. Er ist zum Gedenken an den Aufstand der Arbeiter in der DDR vom 17. Juni 1953 zum gesetzlichen Feiertag erklärt worden.

4. Juli 1954
Bei der Fußballweltmeisterschaft in der Schweiz wird Deutschland mit einem 3:2-Sieg über Ungarn Fußballweltmeister.

1. März 1955
Nachdem die Bundesrepublik Deutschland die Lufthoheit erhalten hat, nimmt die Deutsche Lufthansa AG den planmäßigen innerdeutschen Luftverkehr und den Luftverkehr nach Paris, London, Madrid und New York auf.

7. Oktober 1955
In Friedland treffen die ersten 9628 Spätheimkehrer aus der UdSSR ein.

Schule oder Lehre?

einer Ausbildung. Im ländlichen Bereich waren im Allgemeinen die ortsansässigen Handwerker die zukünftigen Lehrherren. In den Städten gab es über die Handwerker hinaus noch Industriebetriebe, die Lehrstellen anboten. Allerdings nicht in der Zahl, wie sie erforderlich gewesen wären, um allen Schulentlassenen einen Ausbildungsplatz anzubieten. Viele Eltern mussten große Anstrengungen unternehmen, um für uns einen Lehrplatz zu finden. Dabei hatten wir schon Wunschberufe, aber wenn eine diesbezügliche Lehrstelle nicht gefunden wurde, war jede andere recht.

15. bis 18. Lebensjahr

Endlich ein Fahrrad

Das war es. Endlich hatten wir ein Fahrrad. Was sich damit an Möglichkeiten eröffnete, war einfach toll. Nicht nur, dass wir schnell von A nach B kommen konnten, nein, wir konnten auch mit anderen mithalten.

Es wurde gehegt und gepflegt. Wie heute ein Auto, war es für uns damals ein Statussymbol. Besondere Teile wurden angebaut. Vom Wimpel bis zu einer Laufklingel. Für den Wimpel wurde an der Nabe am Vorderrad ein kleiner Fahnenmast angebracht, an dem der Wimpel befestigt wurde. Wenn wir dann fuhren, flatterte dieser wie eine Fahne im Wind. Aber das Größte war eine Laufklingel, an der Gabel des Vorderrades fest montiert. Mit einem Seilzug am Lenker konnten wir das Laufrad der Klingel an den Reifen ziehen. Damit konnten wir einen permanenten Klingelton erzeugen. Die Leute sprangen erschrocken zur Seite, wenn wir mit dem Klingelgeräusch ankamen.

Zum Tanzen in das Haus der Jugend

Mehr und mehr wurde die Freizeit mit neuen Aktivitäten angefüllt. In vielen Städten wurden Jugendeinrichtungen geschaffen. Allgemein nannte man sie „Haus der Jugend". Einmal den Weg hineingefunden, wurden sie für viele von uns beständiges Ziel in der Freizeit. Das Angebot, das dort gemacht wurde, war so vielfältig, dass jeder von uns etwas Passendes fand. Vom Tischtennisspiel über Billard und Bastelkurse gab es jede Menge Aktivitäten, denen man nachgehen konnte. Zum Beispiel Fotografieren, mit einem Fotolabor zum Selbstentwickeln unserer Bilder. Selbst Fotoapparate konnte man ausleihen. Denn wer von uns hatte schon einen eigenen?

Was auch sehr wichtig für uns war: Es gab Kurse, in denen man das Tanzen lernen konnte. Von der Leitung der Einrichtung aufgefordert mitzumachen, haben wir uns überreden lassen. Bisher war das andere Geschlecht noch nicht so wichtig für uns gewesen. Nun aber stellten wir fest, dass Mädchen in der Lage waren, uns ganz durcheinanderzubringen. Solange wir einzeln unsere Tanzschritte lernten, war das ja noch in Ordnung. Aber dann sollten wir die Mädchen zum gemeinsamen Tanz anfassen. Der rote Kopf war vorprogrammiert. Die Hände wurden feucht und fingen an zu zittern. Aber den Mädchen ging es auch nicht anders. Nach den ersten Tanzstunden wurde es besser. Unsere Sicherheit beim Auffordern zum Tanz nahm zu. Bald forderten wir die Mädchen schon gezielter auf. Und die hofften, dass sie ein bestimmter Junge auffordern würde. Mit der Zeit fanden wir es sogar sehr schön, gemeinsam zu tanzen. Nach der Tanzstunde fanden sich immer mehr Paare, die sich auch darüber hinaus trafen. Um uns öfter zu sehen, belegten wir noch einen anderen Kurs im Jugendhaus.

Später trafen wir uns privat und hörten uns die Schallplatten von Bill Haley an. Immer und immer wieder. Das war Musik, die uns gefiel. Mit wippenden Füßen saßen wir um den Plattenspieler herum. Die Mädchen begeisterter als die Jungen. Um Jungen zum

Akrobatik pur – Rock 'n' Roll

Tanzen zu bringen, mussten die Mädchen schon einige Anstrengungen unternehmen. Es gab aber auch Jungen, die musikalischer waren und uns ihre Tanzkünste zeigten. Die hatten bei den Mädchen meist einen dicken Stein im Brett. Das waren die Tanzpartner, mit denen man sich zeigen konnte. Um gelungene Tanzschritte zu zeigen, mussten wir viel üben. Jede Drehung, jeder Wechselschritt musste gelingen. Am besten war es, sich gut mit einem Partner oder einer Partnerin einzutanzen. Wenn das so weit abgestimmt war, kam der noch schwierigere Teil der Schwünge um- und übereinander. Durch die Beine wurde die Partnerin geschleudert, herumgedreht und sofort weitergetanzt. Wenn alles richtig geklappt hatte, konnten wir stolz in die Runde blicken.

Die Zeit der Halbstarken

Es war die Zeit der Halbstarken und es war die Zeit von James Dean. Er wurde in den 50er-Jahren mit nur drei Filmen zum Jugendidol. Der Film: „… denn sie wissen nicht was sie tun" kam Mitte der 50er in die Kinos. Seither ist James Dean für viele Generationen eine Symbolfigur für den aufmüpfigen, unangepassten Jugendlichen geblieben. Der Mythos wurde noch verstärkt durch den frühen Unfalltod des Stars, der mit seinem Porsche in den Tod raste. Auch in seinen anderen beiden Filmen „Giganten" und „Jenseits von Eden" spielte Dean den unverstandenen jungen Mann, der sich gegen elterliche Normen auflehnt.

In diese Zeit passte auch die Musik von Bill Haley. Rock ‘n‘ Roll wurde für viele Jahre der Inbegriff der Jugendmusikszene. Die „Hottentottenmusik", wie sie von den Älteren genannt wurde, war für die Jugend das Synonym für „sich richtig austoben". Die Gastronomie reagierte auf Musik und Tanz. Das spiegelte sich in den immer zahlreicher werdenden „Rock-‘n‘-Roll-Wettbewerben" wider.

Lehrjahre sind keine Herrenjahre

Wir waren gerade 15 Jahre alt und mussten den Schritt in die Erwachsenenwelt tun. Voller Unsicherheiten begannen wir unsere Lehre. Der Meister begrüßte uns. Er legte uns ans Herz, immer aufmerksam und höflich zu sein. Die anderen Kollegen und Lehrlinge hießen uns willkommen. Die Lehrlinge des zweiten und dritten Lehrjahres machten uns gleich klar, dass wir die Berufsanfänger waren. Es wurde uns ein Arbeitsplatz zugewiesen, Werkzeuge wurden benannt, Produkte beschrieben. Dann war der erste „Arbeitstag" vorbei.

Es kamen die Tage der Berufsschule hinzu. Die anderen Lehrlinge zeigten uns immer wieder, dass sie die Älteren waren. Manchmal gab es auch ältere Kollegen, die uns beistanden und die Lehrlinge zurechtwiesen, wenn sie es zu toll mit uns trieben. Die ersten Wochen waren Leidenswochen. Aber immer mehr fanden wir unsere Sicherheit, fingen an, uns zu wehren. Lernen am Arbeitsplatz und in der Berufsschule wechselten sich ab. Und dann gab es das erste Lehrgeld. Es war nicht viel, aber wir hatten das Gefühl, es verdient zu haben. Doch manchmal fragten wir uns, ob die Zeit in der Schule nicht doch die bessere gewesen war. Das waren dann so Tage, an denen wir morgens nicht aufstehen wollten und die Mutter uns mit Nachdruck an die Arbeit schickte. In der Schulzeit hatten wir mehr Freizeit. Aber auch diese Gedanken verloren sich. Wir hatten jetzt die abendliche Freizeit, die uns ganz neue Möglichkeiten eröffnete. So vergingen die Jahre der Lehre. Plötzlich stand die Gesellenprüfung vor der Tür. Und dann war alles vorbei. Die Prüfung war geschafft. Wir waren nun Gesellen und der Gesellenbrief wurde uns überreicht.

Zufriedene Mienen – das Früstück scheint zu schmecken

Scheue Blicke zu den Jungen

„Casanova" zu sein ist nicht einfach

Die Zeit des Spielens war vorbei. Vielleicht noch mal Fußball. Aber wichtiger waren jetzt andere Dinge. Ein Mädchen sehen und es toll finden, versetzte uns in Unruhe.

Wie mochte nur ihr Name sein? Alle Möglichkeiten, das herauszufinden, wurden ausgeschöpft. Freunde wurden befragt, die unsere Fragen natürlich mit entsprechenden Kommentaren begleiteten. Aber wenn es möglich war, halfen sie auch. Vielleicht konnten wir ihnen in einer ähnlichen Situation auch helfen. Dann wussten wir den Namen. Damit war zwar etwas gewonnen, aber noch nicht allzu viel. Wie konnte man das Mädchen nur ansprechen? Vielleicht war es so, dass sie genau darauf wartete? Wenn wir in der Gruppe waren, fühlten wir uns sicher. Es wurde herumgealbert und verlegen gelacht oder die Mädchen kicherten. Die ganz Mutigen versuchten, sich mit einem der Mädchen zu verabreden. Wenn es zu einer Verabredung kam, war der erste Schritt getan. Am unverfänglichsten war es, zu einem Eis einzuladen. Ganz allein wollten wir aber nicht sein. Also, waren Freund oder Freundin mit dabei. Vor den Freunden wurde dann von diesem Mädchen geschwärmt und ihr wurden alle guten Tugenden zugesprochen. Am Anfang unserer Suche kam man meist nicht über das „Händchenhalten" hinaus. Trennungen waren da noch relativ unproblematisch. Wenn dann festere Bindungen entstanden, kam unweigerlich die Eifersucht hinzu. Natürlich waren es in dieser Zeit keine Bindungen fürs Leben. Wir probierten uns aus. Das Gleiche galt natürlich auch für die Mädchen. Jeder von uns befand sich in der Versuchs- und Übungsphase.

Wo bleiben die Mädchen?

Arbeiteraufstand in der DDR

17. Juni 1953: Ein blutiges Datum im Kalender der deutschen Geschichte. Als das SED-Regime seine Bürger zu noch mehr Leistung zwingen wollte und die Normen erhöhte, gingen Tausende Arbeiter auf die Straße und riefen: „Wir wollen freie Menschen sein." Die Arbeiterregierung ließ auf die Arbeiter schießen. Sowjet-Panzer walzten den Aufstand nieder. Mit Steinen aus umliegenden Trümmerlandschaften versuchten die Demonstranten die stählernen Kolosse zu stoppen. Plötzlich wurden Maschinengewehrsalven in die Menge gefeuert. Menschen rannten um ihr Leben. Am Abend wurden allein am Potsdamer Platz drei Tote und 64 Verletzte gezählt. Bilanz des Aufstandes: über 70 getötete

Steine gegen Panzer

Demonstranten und mindestens 40 hingerichtete Sowjet-Soldaten, die sich geweigert hatten, auf deutsche Arbeiter zu schießen.

Diskussionen in der Jugendgruppe

Wir fingen an, uns in den unterschiedlichsten Jugendgruppen zu organisieren. Nehmen wir als Beispiel den Christlichen Verein Junger Männer (CVJM): Es gab regelmäßige Gruppenabende mit den unterschiedlichsten Inhalten, Diskussionen um Gerechtigkeit und Glauben, Wanderungen in die nähere Umgebung und Fahrten in Freizeitheime. Dafür wurde auch ein Teil unseres Jahresurlaubs genommen.

POLITIK ?

aber
ohne
mich

Die wenigsten von uns dachten so

Wichtig in dieser Gruppe war das Engagement für andere Menschen. Jugendarbeiter und Pfarrer halfen uns, diesen Weg zu finden.

Andere von uns traten in eine politische Partei ein. Je nach den dort vertretenen Inhalten fand man seine politische Gruppierung. Die Jugendorganisationen beschäftigten sich mit den jeweils vor Ort bestehenden gesellschaftlichen Verhältnissen. Wobei jede Partei der Meinung war, sie hätte den richtigen Weg zur Zufriedenheit der Bürger gefunden.

Wir gehen auf große Reise

Was war das für eine Aufregung. Endlich war es so weit. Wir wollten mit Freunden eine Fahrradtour machen. Das bedurfte einiger Vorbereitungen. Die Fahrräder mussten reisefertig gemacht werden. Wohin wir wollten, war festgelegt. Auf welchen Straßen wir fahren wollten auch. Aber wie würde es mit den Übernachtungen klappen? Jugendherbergen lagen an der Strecke.

Hier ist's schön, hier bleiben wir

Zur Sicherheit nahmen wir noch zwei kleine Zelte mit, was sich im Nachhinein als richtige Alternative herausstellte. Denn nicht in allen Jugendherbergen war Platz. Also mussten wir ein Plätzchen für unsere Zelte finden. Auf einer Wiese, an einem Bach, auch mal bei einem Bauern hinter der Scheune oder sogar im Heu in der Scheune. Diese Übernachtungen waren schließlich die besten. Oft bekamen wir von der Bäuerin noch ein Frühstück und etwas Wegzehrung mit. Da wir eine so lange Reise mit dem Fahrrad noch nicht gemacht hatten, war nach einigen Tagen erkennbar, dass wir unsere Kondition überschätzt hatten. Wir kamen schon voran, aber nicht mit den Entfernungen, wie sie vorgesehen waren. Bis zu unserem ursprünglichen Ziel war es doch weiter als gedacht. Die Tagesetappen konnten wir nicht einhalten. Das führte zwar erst zu Streitereien, aber dann zu dem einhelligen Entschluss, die Reise zu verkürzen. Schließlich gingen die Urlaubstage zu Ende und wir waren wieder in unserem Heimatort.

Deutschland ist Fußballweltmeister

Juli 1954: Fußballweltmeisterschaft in der Schweiz. Aus Bern wurde das Endspiel übertragen und wir verfolgten es am Radio. Der Reporter hieß Herbert Zimmermann. Eigentlich war durch die 2:0-Führung der Ungarn alles gelaufen. Wir hatten uns schon damit abgefunden, dass Deutschland das Spiel

Das dritte Tor – wir sind Weltmeister

Fernsehen am Schaufenster

verlieren würde. Aber Zweiter der Meisterschaft war ja auch nicht schlecht. Doch es kam anders. Die Art, wie Herbert Zimmermann das Spiel kommentierte, ließ uns nicht vom Radio weggehen. Und das war gut so. Wir konnten es nicht glauben, als der Ausgleich fiel. Und dann auch noch das Siegestor. Da war unsere Freude riesig. Wir lagen uns in den Armen und tanzten wie die Wilden im Kreis. Es war doch gut, dass wir uns das Spiel mit Freunden angehört hatten. Allein wäre die Spannung nicht zu ertragen gewesen.

Wir waren wieder eine Fußballnation. Andere von uns haben das Spiel sogar im Fernsehen gesehen. Aber wer hatte schon einen Fernseher? Es gab zwar Gastwirtschaften, die einen aufgestellt hatten. Doch in solche Wirtschaften gingen die Erwachsenen, wir noch nicht. Wir gingen auf die Straße und jubelten mit den anderen, die in Gruppen durch die Städte und Dörfer zogen. Die Menschen waren sich einig: So ein schöner Tag!

Spätheimkehrer aus dem Osten

Während die Bundesrepublik wirtschaftlich immer mehr aufblühte, waren in sowjetischen Gefangenenlagern noch immer Tausende von Soldaten des Hitler-Krieges interniert. Im Herbst 1955 ging für die letzten Kriegsgefangenen der Zweite Weltkrieg zu Ende. Sie kehrten, zehn Jahre nach der Kapitulation, in eine ihnen fremd gewordene Heimat zurück. Viele von uns sahen ihren Vater jetzt zum ersten Mal. Ausgemergelt und mit eingefallenen Gesichtern waren es nicht mehr die Männer, die einmal Deutschland verlassen hatten. Aber genauso viele sahen ihren Vater nie mehr. Alle Familien hatten gehofft, dass der Vater bei diesen Heimkehrern dabei sein könnte. Bei manchen von uns hatte der Suchdienst des Roten Kreuzes schon festgestellt, dass der Vater vermisst oder verschollen war. Die Mütter mussten mit ihren noch nicht volljährigen Kindern allein weiterleben, sie erziehen und versorgen. Konnten sie sich nach einem anderen Mann umsehen, der ihnen bei dieser Aufgabe helfen konnte, oder mussten sie damit rechnen, dass der Vater doch noch gefunden wurde?

Andere von uns, deren Vater zurückgekommen war, mussten sich mit dieser Situation erst abfinden. Da war plötzlich ein Mann, der neben der Mutter Einfluss auf unser Leben nahm. Wir hatten bisher alle Entscheidungen für unser Leben mit der Mutter besprochen und festgelegt.

Die deutsche Wirtschaft im Aufschwung

In deutschen Wohnzimmern tauchten die ersten Fernseher auf. Noch mit Zimmerantenne. Sie musste so lange gedreht und ausgerichtet werden, bis das Fernsehbild flimmerfrei empfangen werden konnte. Da konnte man schon feststellen, wer über das erforderliche Kapital verfügte, um sich diese neue Errungenschaft der Technik anschaffen zu können. Es waren nur wenige. Schon 1953 gab es Sendungen, die uns noch in Erinnerung sind. Der „Internationale Frühschoppen" mit Reportern aus fünf Ländern hatte seinen festen Sendeplatz am Sonntagmittag. Aber auch an das leibliche Wohl wurde gedacht. Clemens Wilmenrod stellte den deutschen Hausfrauen in seiner Kochsendung neue Rezepte vor. Der schwedische Spielfilm „Sie tanzte nur einen Sommer" erhitzte die Gemüter wegen einer gemischten Nacktbadeszene.

Man konnte bemerken, dass sich die deutsche Wirtschaft im Aufschwung befand. Es gab das HB-Männchen. Mit dem Ausspruch „... wer wird denn gleich in die Luft gehen" wurde darauf hingewiesen, dass, wenn man eine HB-Zigarette raucht, alle Unbilden des Lebens leichter zu ertragen sind.

Samstagabend versammelt sich die Familie vor dem Fernseher

Klein, fein, aber leider nicht mein

Aus der bis dahin unter dem Namen „Constanze" bekannten Illustrierten wurde die „Brigitte". Wahrscheinlich, weil dieser Name deutscher war.

Bei der Anschaffung von Garderobe war die „Jeans" bei jungen Leuten nicht mehr wegzudenken. Immer mehr amerikanische Produkte drängten auf den deutschen Markt.

Der Automarkt boomte: Schon in 1955 lief der einmillionste VW Käfer in Wolfsburg vom Band. Aber auch

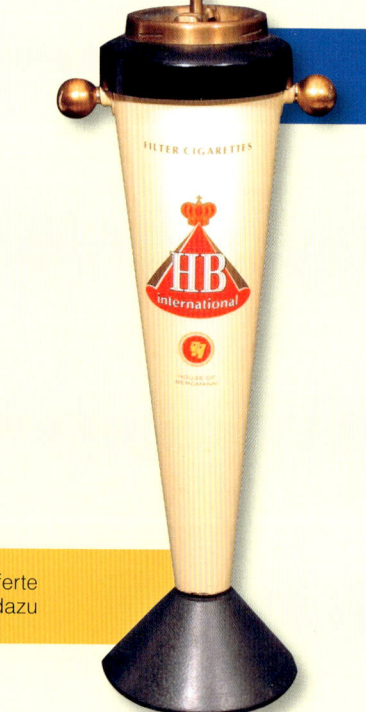

Das „HB-Männchen" lieferte gleich den Ascher dazu

andere Kraftfahrzeuge eroberten mehr oder weniger den Markt. Besonders verbreitet war die „BMW Isetta". Bei jungen Leuten war sie als so genannte „Knutschkugel" bekannt und beliebt. Man stieg von der Frontseite ein, indem man die Tür samt Lenkrad öffnete. Über eine ganz andere Einstiegstechnik verfügte der „Messerschmidt-Kabinenroller". Wie bei einem Flugzeug wurde das aus Plexiglas bestehende Oberteil seitwärts aufgeklappt. Zwei Personen saßen hintereinander. Der hintere Fahrgast fast auf dem kleinen Motor, der das hintere Einzelrad antrieb. Gespräche konnten allerdings des Lärmes wegen nicht geführt werden. Die Alternative dazu war der „Tiger". Er war etwas stärker motorisiert und hatte hinten zwei Antriebsräder. Er wurde als sportliche Variante angeboten und als solche auch gekauft. Auch in der Luft bewegte sich was: Nach 10-jähriger Flugpause nahm die Lufthansa ihren Flugbetrieb wieder auf. Es gab wohl schon wieder genügend zahlungskräftige Passagiere.

Aber während die Bundesrepublik aufblühte, und die Erinnerungen an die schwere Nachkriegszeit verblassten, stellte Kanzler Adenauer gegen den Widerstand im In- und Ausland schon ein neues Heer auf.

Beim „Leukoplastbomber" öffneten sich die Türen nach vorne.

Filme, die wir gut und spannend fanden

So weit es möglich und ein Kino in der Nähe war, sahen wir uns jetzt auch Filme an. Allein oder mit der Freundin. Wenn da keine war, halt auch mit Freunden.
Zum Beispiel diese:

Sissi – in Farbe –
Liebes-/Heimatfilm – Österreich
Mit: Romy Schneider und Karl-Heinz Böhm
Die 17-jährige Romy Schneider als Kaiserin Sissi, an ihrer Seite Karl-Heinz Böhm als Kaiser Franz Joseph.

Zwölf Uhr mittags –
S/w-Western – USA
Mit: Gary Cooper, Grace Kelly
Ein Sheriff steht zu seinem Auftrag.
Spannender Western.

Die Faust im Nacken –
S/w-Drama – USA
Mit: Marlon Brando, Karl Malden, Rod Steiger
Auseinandersetzungen mit der Gewerkschaft im Hafen von New York.

Szene aus „Zwölf Uhr mittags"

Ein persönlicher Ausblick

Wir sind nun am Ende des Buches angekommen. Ich hoffe, das Lesen hat Ihnen Spaß gemacht; vielleicht war es – in Gedanken oder laut gesprochen – begleitet von dem einen oder anderen „Ja, so war es" oder „Daran erinnere ich mich auch".

Vielleicht haben auch Ihre Kinder oder Enkelkinder das Buch gelesen und können jetzt einiges aus dieser Zeit besser verstehen. Es wäre schön, wenn mein Buch Ihnen Anlass zu weiteren persönlichen Erinnerungen oder Gesprächen über diese Zeit gegeben hat.

Unsere Kindheit war geprägt von Krieg, Angst und Entbehrungen, aber auch der Anteil von vielen schönen Momenten, Begebenheiten und Erlebnissen behält seinen Stellenwert.

Ich denke, wir „1937er" gehören noch nicht zum „alten Eisen".

1955: Auch sie wurden in diesem Jahr 18

30. Jan. **Vanessa Redgrave**
(britische Schauspielerin)

08. Feb. **Manfred Krug**
(deutscher Schauspieler und Sänger)

13. Feb. **Sigmund Jähn**
(erster Deutscher im All)

17. Feb. **Rita Süssmuth**
(deutsche Politikerin)

18. März **Rudi Altig**
(deutscher Radrennfahrer)

22. März **Armin Hary**
(deutscher Leichtathlet)

22. April **Jack Nicholson**
(US-amerikanischer Schauspieler)

15. Juni **Herbert Feuerstein**
(österreichischer Kabarettist und
Entertainer)

06. Aug. **Baden Powell de Aquino**
(brasilianischer Musiker)

18. Aug. **Robert Redford**
(US-amerikanischer Schauspieler)

27. Okt. **Peter Lustig**
(Darsteller deutscher
Kinder-Fernsehsendungen)

16. Nov. **Lothar Späth**
(deutscher Politiker)

21. Dez. **Jane Fonda**
(US-amerikanische Schauspielerin)

31. Dez. **Anthony Hopkins**
(britisch-US-amerikanischer Schauspieler)

Zwei von uns: Sigmund Jähn ...

... und Jane Fonda

Für alle ab 18

Unsere Jahrgangsbände gibt es
für alle Jahrgänge ab 1921 bis zum aktuellen
18. Geburtstag, auch als DDR-Ausgabe.

Sie suchen ein Buch …

... über Ihren Jahrgang?

... über Kindheitserinnerungen?

... über Ihre Stadt oder Region?

... mit regionalen Rezepten?

Wartberg-Verlag GmbH

Im Wiesental 1
34281 Gudensberg-Gleichen
Telefon: (0 56 03) 93 05 - 0
Telefax: (0 56 03) 93 05 - 28
E-Mail: info@wartberg-verlag.de
www.wartberg-verlag.de

Sie finden es unter
www.wartberg-verlag.de